MARQUIS DE VILLEMER

(CHARLES YRIARTE)

PORTRAITS
PARISIENS

PARIS
E. DENTU, ÉDITEUR
LIBRAIRE DE LA SOCIÉTÉ DES GENS DE LETTRES
Palais-Royal, 17 et 19, galerie d'Orléans

MDCCCLXVI

PORTRAITS PARISIENS

OUVRAGES DU MÊME AUTEUR.

La Société espagnole. 1 vol. (chez Dramard Baudry)

Les Souvenirs du Maroc, récits de guerres et de voyages. 1 vol. (chez Morizot).

Les Célébrités de la rue. 1 vol. (chez Dupray de la Mahérie.)

Les Cercles de Paris. 1 vol. (chez Dupray de la Mahérie.)

La Dame de nuit, traduit de l'espagnol de Fernandez y Gonzales. 2 vol. (chez Lacroix.)

Le Finale de Norma, traduit de l'espagnol d'Alarcon. 1 vol. (chez Lacroix.)

En préparation :

Goya, sa vie et son œuvre. 1 vol.

Le Livre des chants. (Antonio de Trueba), étude sur la poésie contemporaine en Espagne. 1 vol.

Paris.— Imp. VALLÉE, 15, rue Breda.

MARQUIS DE VILLEMER
(CH. YRIARTE.)

PORTRAITS
PARISIENS

PARIS
É. DENTU, ÉDITEUR,
LIBRAIRE DE LA SOCIÉTÉ DES GENS DE LETTRES
17-19, Galerie d'Orléans, 17-19
—
1865
Tous droits réservés.

A

FERDINAND HEILBUTH

Amitié.

CH. YRIARTE.

Ce ne sont pas des portraits de fantaisie que M. de la Bruyère nous a donnés : il a travaillé d'après nature et il n'y a pas une description sur laquelle il n'ait eu quelqu'un en vue. Pour moi, qui ai le malheur d'une longue expérience du monde, j'ai trouvé à tous les portraits qu'il m'a faits des ressemblances peut-être aussi justes que ses propres originaux.

(*Lettre de Bussy-Rabutin au marquis de Termes.*)

J'ai peint, à la vérité d'après nature, mais je n'ai pas toujours songé à peindre celui-ci ou celle-là dans mon livre des mœurs. Je ne me suis point loué au public pour faire des portraits qui ne fussent que vrais et ressemblants, de peur que quelquefois ils ne fussent pas croyables et ne parussent feints ou imaginés : me rendant plus difficile, je suis allé plus loin; j'ai pris un trait d'un côté et un trait d'un autre; et, de ces divers traits qui pouvaient convenir à une même personne, j'en ai fait des peintures vraisemblables, cherchant moins à réjouir les lecteurs par le caractère, ou, comme le disent les mécontents, par la satyre de quelqu'un, qu'à leur proposer des défauts à éviter et des modèles à suivre.

. . . .

LA BRUYÈRE *(Préface au discours de réception.*

PORTRAITS PARISIENS

Un nom franc et sonore, un vrai nom de fanfare qui éclate et flamboie, une beauté impérissable, épique, la beauté sereine et impassible des médailles de Syracuse ! Elle appelle le ciseau et tente le marbre, c'est Hermione, c'est Phèdre au front cerclé d'or, c'est Ariane, elle est faite pour porter le péplum, la coupe et le poignard, et la nature, comme à plaisir, a réuni dans ce beau corps aux fiers contours toutes les splendeurs de la forme.

La tête est pâle, sévère et rêveuse, le front est pur, les cheveux sont d'un noir sombre et sans reflet, les années creuseront ces joues et sculpteront leurs rides sans jamais altérer cette mâle beauté ; éternellement belle sous les méplats fatals imprimés par le temps, ceux qui la verront passer reconstruiront sans peine ses traits marmoréens.

—

La fée aux ailes d'or qui a présidé à sa naissance a dit en étendant la main sur son berceau : — « Tu seras le triomphe éclatant de l'antithèse, et l'esprit et la matière combattront perpétuellement en toi.

Les alcôves royales vomissent parfois des gnômes et des calibans, que la soupente engendre une déesse ! Fais mentir la naissance et la race, désespère les duchesses par la limpidité de ton sang et l'idéale perfection de tes formes, aie l'instinct de tous les luxes, les distinctions exquises et les intuitions lumineuses — blanche comme un beau lis, pâle comme un beau marbre, harmonieuse comme une symphonie céleste; grandis ! sois la vengeance, sois le chaos !

» Ceux qui t'aimeront te porteront aux cimes inaccessibles et t'élèveront des blancs parthénons, mais tu auras horreur du piédestal et chercheras constamment à en descendre, tu adoreras ta vase et y retourneras invinciblement, tu sentiras la nostalgie des aimables courtilles et des tonnelles en fleurs. Le vin de Chypre coulera dans tes coupes d'or, mais en les vidant lentement tu reverras dans tes rêves les jolis cabarets d'Argenteuil, et goûtant d'une lèvre dédaigneuse les murènes engraissées dans tes viviers, ton palais blasé se souviendra des âcres senteurs de la matelotte du bas Meudon. Tu sembleras caresser ta chimère et suivre dans les nuages de ta pensée les théories érotiques de Caprée, mais la friture de Baratte bruira seule à tes oreilles et tous les parfums de l'Arabie ne vaudront point pour toi les émanations affriolantes des escargots à la provençale.

―――

» On retrouvera en toi la patricienne de Juvénal, la Frétillon de Béranger et la Fanchon qui aime à rire. Tu mêleras Suétone à Paul de Kock, Casanova à Pigault-Lebrun. Jamais de dentelles assez riches, jamais de points trop précieux ni de batiste assez fine pour entourer ton beau corps.

Eteinte et silencieuse en face des patriciens aux formes exquises, aux idées élevées, tu réserveras ta bonne humeur et ta grâce pour les joyeux plébéiens et les loustics sans façon, et, ni tes lambris dorés, ni tes étoffes précieuses, ni tes bahuts patiemment fouillés, ni toutes les splendeurs enfin dont on t'entoure, ne vaudront pour toi la nappe tachée des restaurants borgnes, les gais viveurs et les rapins boute-en-train.

» Les fantaisies diaprées de Musset, le pays bleu dans lequel elles voltigent, la langue de Marivaux et le dialogue ailé de Beaumarchais seront pour toi lettre close, il te faudra les baignoires des théâtres comiques et la parade foraine, les débitants de serpents mal portants et les femmes sauvages, les saltimbanques musculeux à la voix rauque et les gymnasiarques aux caleçons pailletés.

» La guenille aura le don de t'attirer et te séduire : dans ses douleurs et ses joies tu sentiras ta joie et ta douleur et tu désespéreras ceux qui te croient d'essence divine en rappelant, comme un cœur sans détours, les joies ineffables de ton jeune âge, les chaussons aux pommes que tu dévorais et les innombrables surjets piqués par tes mains de duchesse.

» Les succès discrets, les hommages délicats, les bravos étouffés et les admirations respectueuses ne sauront point te toucher, il te faudra l'élan spontané du rustre, sa brutale franchise, son désir audacieux, sa luxure farouche, la démonstration turbulente et sonore des vulgaires délires.

» Et jamais un mot impur ne sortira de tes lèvres finement sculptées, de cette bouche faite pour l'harmonieux alexandrin, mais ta voix caressante scandera à demi-voix les refrains vulgaires et les turpitudes banales qu'on entend aux carrefours — c'est l'antithèse ! — Tu porteras comme une reine, de royales toilettes toujours harmonieuses et calmes, jamais un point trop sonore, et la moindre pointe de carmin qui pourrait encore rehausser ta beauté t'effrayera comme une note discordante. On citera tes bijoux, tes chevaux, tes équipages; tu marqueras tout ce que tu touches d'une élégante personnalité, tu ne sacrifieras jamais aux violences ni aux excès, et tandis que celles qui t'entourent étaleront leurs paniers insolents, drapée comme un beau portrait de Prud'hon, le doux peintre, les plis de ta robe ajustée dessineront à souhait pour la joie des yeux, tes formes accomplies.

» Tu traverseras toute fange sans souillure, car je saurai t'envelopper d'une invisible tunique, et dans ces jardins aux mille feux, dont tu seras longtemps la reine avant de ceindre une vraie couronne, tu comprendras, d'instinct, mais sans la parler jamais, la langue de ceux qui t'accosteront avec un mot graveleux.

» Tu franchiras tous les cercles et tu arriveras au paradis des courtisanes; là, dans ses rayons et ses splendeurs, un amoureux des camées et des statues te donnera la main gauche et cherchera, pour les attacher à ton cou, les perles de Cléopâtre; mais, entre deux éclairs, la brise t'apportera les aigres flonflons du bal champêtre et tu jetteras bas la pourpre pour danser un rigodon, renonçant de gaieté de cœur au diadème et dédaignant l'ambroisie pour la limonade gazeuse.

» Je te vois couchée sur les coussins de ton char, couronnée de camélias blancs; tes épaules, marbre de chair, sont cachées sous les plis d'un manteau, et ta belle tête de cariatide repose indolente. Chaque nuit, avant d'aller t'asseoir, magnifiquement parée, sous le feu des lustres, aux accords de l'orchestre, tu gravis un escalier hasardeux et tu vas retrouver un Léandre. — Cent baisers pour la peine et cent pour le plaisir! — Tu redescends vive et légère, tu pars, les chevaux piaffent, la voiture s'ébranle ; Léandre se met à la fenêtre, allume sa pipe et chante : « *Eh mirliton! eh mirlitaine!* » en foulant aux pieds les fleurs détachées de ta couronne et flétries sous ses baisers.

» Tu t'entoureras de flatteurs et t'enivreras des louanges sans en être jamais rassasiée. Nonchalamment accoudée sur le tapis vert, tu seras joueuse jusqu'au délire, mais avec imbécillité ; tu ne sauras pas plus administrer ta vie que mettre un frein à tes ruineuses fantaisies.

» Si la voix de la raison ne se fait jamais entendre au moment où tu joueras ton luxe sur un coup de dé, au nom de ce que tu croiras l'amour, tu ne sauras pourtant pas te sacrifier tout entière et n'auras jamais l'excuse d'une passion que tu ne saurais éprouver. En vain donneras-tu au monde galant qui va t'entourer le spectacle d'une abnégation sublime; tu n'épuiseras pas jusqu'à la lie la coupe du sacrifice. — C'est au fond qu'on trouve l'ivresse. Il est un monde de choses que tu ne saurais abandonner : tes cinq cents louis de parfums chaque année, les primeurs, ton luxe tout personnel, luxe à huis clos auquel tu ne convieras personne.— A toutes ces causes, avec des renoncements et des sacrifices éclatants, tu n'accepteras pourtant l'amour que sous bénéfice d'inventaire et une seule fois dans ta vie tu seras touchée par la grâce.

» Dans le monde des arts, pierre de touche des âmes d'élite, grâce à une merveilleuse intuition que j'ai souvent refusée aux reines et qu'il me plaît aujourd'hui de donner à une courtisane, rien ne te sera étranger! Les vases de Campanie aux beaux éphèbes nus, les bronzes nerveux, les amulettes sacrées, les aigues-marines, les chalcédoines aux sévères profils, les diptyques mystiques, les émaux, les figulines, les ivoires tourmentés de la Renaissance, les étoffes introuvables et les armes uniques auront un sens précis pour toi. Mais, par un manque de suite qui sera l'essence même de ta nature, la nuit se fera tout d'un coup dans ton cerveau, la bête se vengera, la matière tuera l'esprit, et, passant de la symphonie héroïque à *Mimi Bamboche*, tu sacrifieras les déesses aux tuniques talaires aux lithographies de Schopin.

» Tu seras bonne autant que belle et on ne pourra te voir sans t'aimer, tu auras toutes les croyances et toutes les superstitions, tu fonderas des messes et tu feras bénir des scapulaires, tu croiras aux présages et à la fatalité, à la jettatura, aux couteaux en croix, au chiffre 13 et aux topazes brûlées. — Et, ne pouvant te racheter par l'amour, tu te sauveras par la piété filiale.

» Je te vois quittant les soupers splendides pour porter à ta mére, vivant désormais au sein de ton luxe, les primeurs exquises et les enfantines friandises, et quand l'aube paraît, à l'heure où tu sors du bal, pâlie par la fatigue, drapée dans la dentelle et semblable à l'allégorie de la Charité matinale, tu entr'ouvres avec crainte les rideaux des vieillards et déposes un pieux baiser sur ces yeux plongés à jamais dans la nuit.

» L'ange Azraël les a touchés de son aile, tu viens te prosterner au cimetière, et ce front, qui ne s'est jamais courbé pour ramasser l'or que la fortune prodigue laissait tomber du tapis vert, s'humiliera en se meurtrissant; ces lèvres, bleuies par le froid, baisent le marbre sous lequel reposent ces morts qui te sont chers; ces mains royales balayent la poussière et la fange, elles remuent la terre et se déchirent aux ronces des cyprès, et abîmée dans tes regrets, la face noyée de larmes, belle comme la Niobé, je te vois divinisée par les pleurs, *dans un cœur rouge ayant sept glaives comme la Mère des Douleurs.*

LA GOTON

LA GOTON

Goton n'a point le teint frais, elle est verdâtre, blême, piteuse et d'aspect malsain; elle se fait les yeux, se rougit les lèvres et s'enfarine la face. Elle a le nez en trompette, les joues creuses, les cheveux rares, sans brillant et dépeignés en coup de vent; le cou trop haut, les épaules carrées et la gorge concave. Sa voix est rauque, son regard atone, elle est petite, mesquine, malingre; c'est de tous points une laide personne.

Elle est hargneuse, mal embouchée, presque farouche, aigre comme une crecelle, sans gaieté, sans santé, sans jeunesse, elle manque au premier devoir de toute bonne courtisane, et, personnifiant le vice, ne le rend point attrayant.

Va-t-elle au théâtre — elle entre avec fracas dans sa loge quand la toile est levée depuis longtemps, renverse les petits bancs et culbute les fauteuils ; si sa robe s'accroche à un clou, elle tire avec force et voilà sa jupe en pièce, — c'est le genre. Elle met la salle en rumeur, trouve ses places mauvaises encore qu'elles soient des meilleures, injurie ses cavaliers et tourne grossièrement le dos au public.

Elle demande brusquement ses jumelles, les prend sans regarder qui les lui donne, marmotte entre ses dents quelque phrase malséante et braque sa lorgnette sur les avant-scènes et les baignoires. De la scène et des acteurs, il n'en est pas question. La voilà, tapie dans sa mauvaise humeur comme une bête malfaisante dans sa tanière.

Que ses voisins ne lui parlent point de la beauté d'une actrice! — Tout le monde est *infect* et la pièce est *idiote*, elle n'écoute point, ne sait pas ce dont il s'agit, mais elle connait l'auteur — un petit gros, court, qui est myope, et dont elle écorche le nom. — On n'a pas de talent quand on est si mal bâti.

Elle parle très-haut, s'agite beaucoup au milieu du silence de la salle, et lève insolemment les écrans lorsque ses voisins s'émeuvent de ces interruptions indécentes. La voilà qui détache un de ceux qui l'accompagnent pour avoir des caramels, elle demande au buffet les boissons les plus insolites et les rafraichissements les plus inattendus, elle trempe ses lèvres dans un verre, fait la grimace et déclare que tout est *dégoûtant;* la pièce, les acteurs, le buffet et le public.

Elle affecte de rire bruyamment quand ceux qui l'entourent se montrent vivement impressionnés, et sort avec fracas au moment où la mère infortunée reconnaît sa fille ; il faut que son départ soit remarqué, la salle et les acteurs eux-mêmes laissent échapper un soupir de soulagement.

Aimable créature ! — Les gens sensés haussent les épaules, mais les imbéciles, surexcités par ce manége, quittent leurs siéges pour saisir au vol un regard d'une si précieuse personne à son passage dans les couloirs.

———

Goton fait de la nuit le jour, soupe sans appétit, goûte tous les mets, les rejette et les gâche, elle déteste les viandes saines et se nourrit de bisques, de hors-d'œuvre et d'écrevisses à la bordelaise ; elle coupe les fruits les plus beaux, et les souille du bout des lèvres, elle demande des primeurs en janvier, et s'ingénie à connaître les mets qui coûtent le plus cher. Elle se lave les mains avec du montebello et renverse son verre sur les brocarts, injurie les garçons qui la méprisent, parle sans cesse de ses diamants, et écrit son nom sur les glaces à l'aide de ses bagues.

Elle joue beaucoup et devient plus rogue à mesure qu'elle perd, elle allonge ses mains osseuses sur le tapis vert, compte à tout moment l'argent qu'elle a devant elle, parle avec insistance de la déveine qui la poursuit, sauve sa mise quand elle amène un refait, et ne ponte jamais. En regagnant son logis, elle fait arrêter son coupé pour compter, sous le premier réverbère, les louis qu'elle vient de gagner.

Elle croit à la *jettatura*, porte une pièce percée dans sa bourse et se fait des réussites. Sordidement avare, elle vit mal au milieu d'un luxe insolent, vous fait traverser toutes les pièces de son splendide appartement, sous prétexte de vous conduire à son boudoir, demande trop haut si son *chef* est rentré et si le vétérinaire est venu voir Scapin. Elle ne parle que de ses voitures, de ses diamants et de ses obligations, s'inquiète du cours de ses actions et des fluctuations de la Bourse ; vous ne la prendriez point avec des pincettes le jour où les fonds ont baissé.

———

Elle est vicieuse sans tempérament et raffole des bateleurs aux caleçons pailletés, c'est pour eux qu'elle réserve sa bonne humeur et ses sourires. Elle appelle la cravache comme certaines femmes appellent le baiser, n'apprécie ni les procédés des hommes bien élevés ni l'exquise galanterie des vieillards. — Rudoyez-la, marchez sur elle, soyez grossier comme un laquais, insolent comme un parvenu et cynique comme... *Goton*, elle commencera à vous regarder avec quelque considération. — Redoublez, insultez encore, méprisez (si vous pouvez faire taire un instant vos instincts de galant homme) et elle deviendra folle de vous ; mais cachez bien l'homme comme il faut si, par gageure, vous voulez partager sa bauge de batiste à rideaux de brocatelle.

———

Goton a horreur du soleil — comme les fauves — et elle fuit la campagne. Les brises caressantes, les berges fleuries, l'ombre, le repos et les dômes de verdure! — voilà qui peu lui importe! — Les couchers de soleil, les traînées d'or pur derrière les grands peupliers, les collines au matin baignées dans la brume et les fils d'argent qui vous barrent le chemin dans les allées, ne sont point de son fait. Ce qu'il lui faut, c'est l'atmosphère des soupers nocturnes, l'âcre senteur du gaz, les parfums du tripot, les émanations du ruisseau et le tourbillon de la grande ville. Il semble qu'elle veuille proscrire le jour, elle fait la nuit dans ses appartements, allume les bougies en plein midi et se lève à une heure ; elle se nourrit à la hâte, reçoit de vieilles femmes qui se teignent, portent des chapeaux à fleurs et des camails démodés : elles lui parlent à voix basse, elle les écoute soucieuse, et son œil s'allume à leurs honteux propos.

Elle est née dans une loge et renie sa mère, elle chausse la soie et ne saurait marcher à pied, il lui faut la blonde, la dentelle, les étoffes uniques et les bijoux rares ; elle s'habille comme une châsse et estime un diamant à vingt pas : on l'a vue simuler des dettes et intéresser des fournisseurs pour entasser davantage et ruiner les vaniteux qui recherchent ses faveurs. — Elle est le châtiment, le fléau des familles; acide et méchante, elle hait la beauté comme elle hait la vertu, méprise les honnêtes gens qui la fuient comme la peste et ne se laissent point prendre à son clinquant et à ses maigres appas.

Et *Goton* a une cour, *Goton* est à la mode, *Goton* a des voitures et des diamants, **Goton** encombre Paris.

MADAME DE VALNEUF

Marie est aimable et bien faite, fraîche, saine à voir ; la vue se repose avec confiance sur ce visage chaste et recueilli. Elle exhale un parfum d'honnêteté, on se sent à l'aise en face d'elle et la sérénité de son âme se reflète dans ses yeux.

Sans être une beauté parfaite, elle a je ne sais

quoi d'affable et de charmant qui vous attire et vous fixe, elle ne porte ni toilette extravagante ni coiffure à la grecque, et ne soupire pas en silence pour avoir un havanais hors de prix; ses dépenses sont proportionnées à son rang.

Elle sait qu'un brin de coquetterie sied bien à son sexe et à son âge, et ne fait point fi des atours; elle suit les modes dans ce qu'elles ont de raisonnable et de gracieux, fréquente les églises avec discrétion, ne regarde point les théâtres comme un lieu de perdition, et laisse à son mari le soin de poser les bornes de sa morale.

Elle vit à son foyer sans parler sans cesse de sa maison, des détails de l'intérieur, des soucis du ménage; vous ne l'entendrez point insister sur les défauts des gens de service, le renchérissement des loyers et des choses de la vie.

Elle n'a point la vertu farouche; ce n'est ni une puritaine ni une évaporée, et quoique son enfant soit son souci le plus cher, elle ne le montre pas, comme Cornélie, à celles qui font ostentation de leurs bijoux. Elle ferait aimer la vertu à un libertin, car elle lui emprunte un attrait et une grâce infinis, elle est calme comme le devoir accompli, douce comme l'héliotrope, et résignée sans être négative.

Marie aime la nature, joint à un vif sentiment des choses de l'art un grand sens poétique ; elle se tient au courant des productions de l'esprit et s'intéresse, dans une saine mesure, au mouvement des idées. Vous causez avec elle, et vous êtes tout étonné de l'entendre exprimer avec netteté des idées fort justes sur un monde de choses auquel vous l'aviez cru étrangère. Elle a de la grâce dans le langage, un certain feu contenu qui, malgré elle, luit sous la cendre, et, sans fausse pruderie, sans gêne, sans effort, elle côtoie les sentiers difficiles où vous la conduisez; sachant se contenir dans les limites de la décence et de l'honnêteté. Vous la pressez un peu et voulez l'éprouver, elle s'esquive avec esprit et vous fait tomber dans le panneau que vous lui tendiez. L'innocence est bien forte! — Elle est jugée, c'est une femme spirituelle à la façon des femmes du monde qu'on sacrifie, de nos jours, à des poupées mal montées; et vous, qui vouliez devenir son amant, vous briguez désormais l'insigne faveur d'être son ami, car elle s'est frayé tout doucement le chemin qui conduit à votre cœur.

Une telle femme sait qu'un mari ne peut point borner sa vie entre son jeune fils et son foyer, que l'homme a besoin d'échanger des idées et de recevoir des impressions, elle lui rend l'assiduité facile et lui cache les rouages compliqués de la vie matérielle, lui présentant une face toujours riante, elle se pare à son intention et lui offre une amie dans sa femme. Loin de rester étrangère à la bataille de la vie, elle en veut prendre sa part, et s'intéresse aux travaux de celui qu'elle aime, respectant son silence quand elle le trouve absorbé, et oubliant ses propres soucis quand il lui vient dispos et prêt au plaisir.

Marie n'a rien oublié des grâces de la jeune fille, et connaît tous les secrets de la femme; elle est sirène à ses heures, et sait cacher l'épouse pour montrer la maîtresse.

Tant de grâces, d'esprit et de charme, et tout un monde de voluptés vaguement soupçonné sont perdus pour M. de Valneuf. — Il délaisse sa femme et court chez *Goton*.

LA

PRINCESSE USTUBERLUKOFF

LA PRINCESSE USTUBERLUKOFF

La scène se passe à l'hôtel du Louvre, dans un salon encombré de malles, de pelisses et d'objets de voyage. — Une noble étrangère, arrivée la nuit même, a fait demander à son petit lever la bonne faiseuse qu'on vient d'annoncer.

— Qu'est-ce que tu es, toi? demanda la princesse; es-tu une grande ou une petite couturière?

— Madame, répond la timide bourgeoise un peu effrayée de cette familiarité princière, je n'ai pas dix fenêtres sur la rue de Rivoli et ma maison n'est pas connue comme celles de Worth et de Camille, mais ma clientèle est élégante ; je commence modestement, je fais beaucoup par moi-même, et j'espère réussir.

— Oui, tu as raison, tu réussiras, je le veux. J'ai horreur de tes chipies qui m'habillent comme une demoiselle des Filles-Nobles de Moscou ; tu es jolie, tu me plais. — Voyons, parle, sois drôle déjà, et, surtout, fais-moi des robes qui n'aient ni queue ni tête. — As-tu déjeuné ? — J'ai une faim de chevalier-garde... Tu regardes ma main, n'est-ce pas ? Dis donc, pour voir, qu'il n'y a pas dans toute ta cour de France une femme qui ait la main tournée comme cela... et la jambe donc !... ah ! tu n'as pas vu ma jambe, elle est bien étonnante... Tiens !..... Oh ! quelles crampes ! (*Elle sonne:*) Sers-nous ici, sur le guéridon, deux couverts ! — Des sandwichs et du thé avec du rhum — Aimes-tu le caviar ?... Tu me trouves un peu drôle, déjà ! je suis très-agitée, je te conterai cela... Voyons! robe de bal, robe de concert, robe de ville.

— Vous plaît-il, madame la princesse, pour la robe de bal, un tulle blanc garni de festons mauves, corsage à petits brandebourgs croisés en bouillons mauves — tablier ton sur ton? Le manteau de sortie, cachemire rouge, brodé de pastilles de soutaches d'or avec pampilles au centre?

— Oh! mais, tu m'as comprise, toi; tu n'es pas ma couturière, tu es mon amie. Comment t'appelles-tu? As-tu un mari? — J'en ai un, moi, je l'adore; il est très-beau, six pieds, et sourd comme la cloche du Kremlin... Dieu! que je suis agitée! (*Elle sonne.*) Tu regardes le chasseur, n'est-ce pas qu'il est joli?... et bête! — J'ai horreur des laidrons à mon service. — Tu va voir ma femme de chambre (*Elle sonne.*) Catinka! défais tes cheveux et montre-les à madame. — Il faut apprendre le français, mon enfant; prends un amoureux, les gens sont très-bien ici. J'ai vu, en arrivant, un valet de pied qui ressemble au comte de Kinburn; seulement, Kinburn n'est pas si comme il faut. — Va-t'en... Mon caviar... Dieu! que je suis agitée! Oh! les hommes... figure-toi... tu dois avoir du cœur... Et moi, donc!... tiens, tâte... eh! la main n'est pas mal!... N'est-ce pas que c'est ferme?... Tu me décolleteras trop, j'aime bien ça... Je suis sûre que tu me trouves fatiguée; j'ai tant souffert! Et cinq enfants, dont trois avec mon mari; c'est donc très-fatigant, sais-tu? — Comment t'appelles-tu?

— Hortense.

— C'est gentil!... Prends de la sauce d'anchois, Hortense; c'est très-mauvais, mais j'adore ça. . .

. . . .
. . . .

La princesse qui, d'après ce dialogue avec sa couturière, vous semblera, peut-être, manquer de suite dans les idées, aura vingt-neuf ans aux premières neiges ; son nom est fameux de Pétersbourg à Nijni-Novogorod ; à Paris, on commence à lui donner le joli surnom d'Ustuberlukoff.

Elle est élégante et mince comme la Diane, d'une taille inquiétante ; on craint à tout moment qu'elle se brise en marchant. La tête est charmante, quoique trop petite pour le corps. — L'Antique a de ces audaces-là ; — ses cheveux sont blonds, à reflets métalliques comme les Hispano-Arabes ou la chevelure de la princesse Ghika. Les yeux sont énormes, un peu effarés, et qu'elle regarde un mougik ou un ambassadeur, les deux extrêmes peuvent, sans être fats, croire que l'heure du berger va bientôt sonner.

Les hommes d'un certain âge, que cela effraye et trouble, peuvent être tranquilles, elle n'en croit pas un mot.

Ce n'est point une femme, c'est une déesse, elle ne marche point, elle glisse sans efforts ; *sous son aimable tête un cou-blanc, délicat, se plie, et de la neige effacerait l'éclat.*

Elle apparut aux Parisiens, pour la première fois, pendant le carnaval de 59 ; elle fut de tous les raouts et de tous les bals, produisit plus d'étonnement que de charme ; mais les raffinés la déclarèrent, pendant quinze jours, la plus jolie femme de Paris.

Le costume qu'elle adopta chez un ministre fit du bruit, et ce fut le signal des élucubrations extravagantes des couturières et des grandes dames. Elle fit son entrée en *Vague*, au bras d'un poëte.

Tout d'abord, à cause de son allure étrange, on la prit pour une des volontaires de la légion étrangère. Ce groupe, qui ne joue pas un assez grand rôle dans la littérature, se compose de Polonaises, de Moldaves, de Valaques, de Russes et de Hongroises, qui attendent toujours de leurs pays des sommes immenses régulièrement interceptées par l'Autriche : exilées volontaires qui flottent entre le tapis vert des chancelleries et celui des tripots élégants. Mais on reconnut bientôt, à des signes certains, que la princesse Ustuberlukoff était de race. En effet, c'est une vraie grande dame, née dans la blonde et la dentelle ; un empereur a signé à son contrat de mariage, un autre empereur avait signé à son baptême ; le soleil ne se couche point sur ses terres, et elle jouit de sa prodigieuse fortune depuis l'âge de huit semaines. Elle ignore tout de la vie, c'est une plante de serre chaude, un blanc magnolia qui ne tisse ni ne file. Elle parle français parce que c'est la langue diplomatique ; l'anglais, parce qu'*on* a eu une mission à Londres ; l'allemand, parce qu'elle est russe, et l'italien, parce qu'elle a une villa à Belgirate.

Elle est mariée; mais le Caucase a bon dos, et, comme l'avare Achéron, il ne rend pas sa proie. — Béni sois-tu, Caucase! Et Bariatinski est un grand prince.

Fantasque, inquiète, agitée, la princesse, avec son charmant accent moscovite, les *donc* et les *déjà* dont elle émaille sa conversation, est la plus adorable toquée qui se puisse voir et pour elle la fantaisie est un jardin où il n'y a pas de fruit défendu.

La princesse a toujours su mettre huit cents lieues entre elle et le prince qui, dans le dialogue, a parfois déployé plus de vigueur de bras que de force de raisonnement.

Elle a des intendants pour cette chose compliquée qui s'appelle la vie, ignore les mystères qui s'accomplissent dans ses alambics et n'a jamais entendu crier les rouages de la machine qui lui rend en beaux roubles les filons de ses mines, les sapins de ses forêts et la sueur de ses mougiks. Elle connaît toute l'Europe, mais elle est faible comme touriste : à Vienne, elle n'a vu que le Prater ; à Rome, le Corso et le Monte-Pincio ; les Cascines à Florence ; Lichtenthal à Bade ; le lac à Paris ; le Prado à Madrid ; et Hyde-Park à Londres.

Comme les reines et les aventurières, elle possède l'admirable privilége d'être partout chez elle ; arrivée de la veille en un point quelconque, son salon s'ouvre dès le lendemain à tout un monde cosmopolite qui semble la suivre dans chacune des capitales qu'elle visite presque régulièrement chaque année.

Ils sont là vingt ou trente assidus qui prennent gaiement la vie, riches, intelligents, titrés — quelques-uns ridicules, comme bien vous le pensez ;

— ils passent de Paris à Rome, de Rome à Vienne, de Vienne à Berlin ou à Madrid, comme nous allons du boulevard à Ville-d'Avray, sûrs, en quelque coin du monde qu'ils portent leurs pas, d'y trouver un salon qui les accueille chaque soir.

Il y a là des dilettantes qui se tordent sur leur chaise en entendant du Schumann, des aspirants au trône de Hongrie, des descendants des Comnène, des poëtes slaves, des majors prussiens, des diplomates en activité, des Anglais dont l'état est de trouver le cours du Niger, et des artistes devant lesquels posent des princesses du sang.

Paris les effarouche un peu, et c'est à l'étranger surtout que ce salon a bien sa couleur; il s'ouvre pourtant ici très-assidûment.

Pendant le jour, Mme Ustuberlukoff mène une existence assez vague, que doit remplir quelque passion vaguement soupçonnée. Jamais une femme n'a franchi le soir le seuil de son salon : toutes ses amies ont mis tout en œuvre pour faire cesser cette exclusion; elles ont d'abord employé la douceur, puis la tiédeur, enfin la calomnie, rien n'a fait, et la blanche Moscovite reste reine de son cénacle masculin.

Ce n'est pas à dire qu'elle ne voie point ses amies, elle les reçoit au coucher du soleil, les rencontre au bois ou aux Italiens, et va même jusqu'à leur faire visite; mais le soir appartient invariablement à sa *Tertullia*.

On va chez la princesse au sortir du théâtre ou du cercle, et l'étranger récemment présenté qui sonnerait avant minuit courrait risque de se morfondre en regardant l'album de photographies qui commence par saint Serge et l'empereur Alexandre, et finit par ce petit monsieur napolitain, toujours sautillant, qui salue tout le monde aux Italiens, papillonne de loge en loge, son lorgnon incrusté dans l'œil, et qui, parfois, le matin, va préparer le macaroni chez des veuves polonaises qui sont de bien grandes dames.

A minuit, la belle aux cheveux d'or fait son entrée : son salon contient trois tables : l'une de whist, l'autre de trésillo, et la troisième chargée de papier Ingres, d'albums, de crayons et de boîtes d'aquarelle. La jeune diplomatie donne beaucoup — ce n'est pas pour le baron F... que je dis cela. — Les riches désœuvrés donnent plus encore, et les artistes aiment ce milieu à cause du caractère et d'un charmant laisser-aller qu'ignoreront jusqu'à la consommation des siècles le faubourg Saint-Germain et le faubourg Saint-Honoré. Je ne crois pas commettre une indiscrétion et dévoiler le pseudonyme en off en citant les noms de quelques assidus — côté des artistes. — On n'est pas, du reste, une célébrité à huis clos.

Zichy, le peintre hongrois, surnommé à Pétersbourg l'ombre de l'empereur ; le sculpteur Véla, les peintres Yvanoff et Ferdinand Heilbuth, le poëte Alarcon, Clesinger, Liszt, Wagner, Berlioz et Szarvady, sont les assidus du salon de la belle cosmopolite. Parfois même l'ascétique Overbeck vient se réchauffer à ce rayon, quand la dame transporte ses pénates à Rome.

On jase, on dessine, on joue ; on se souviendra longtemps d'une partie de *morra* faite au milieu du salon entre un Borroméo et un Salviati. — A deux heures juste, un valet de pied apporte un plateau et dresse sur un petit guéridon un ambigu composé de sandwichs, de caviar et de pilau, — c'est le souper de la princesse, ses commensaux sont au régime du thé égalitaire.

On fume partout, et la dame elle-même roule dans des feuille de riz un latakié blond comme ses cheveux. On parle autour d'elle tous les idiomes, mais il y a un terrain sur lequel tout le monde se rencontre, c'est celui de la langue française. Au milieu de ces consonnances diverses, de ces accents doux ou énergiques, agaçants ou sympathiques, s'élèvent les jolies exclamations de l'Égérie toquée : « Ah ! qu'il est donc gentil d'être venu à Paris. » Mais cela n'est complet qu'en voyant le geste et l'expression.

———

On vient chez la princesse comme on est : en cravate blanche, si on sort des Italiens ou de l'Opéra ; en petite redingote, si on a dîné au cercle ;

et souvent, au sortir d'un dîner diplomatique, ou d'une réception au château, un ami, doré sur tranches et constellé d'ordres, vient savourer une tasse de thé de la caravane et baiser la main de Mme Ustuberlukoff.

———

Personne ne sait inventer d'engins comparables à ceux qu'elle adopte pour ses coiffures ; en quelque point du monde qu'elle se trouve, elle reçoit par les ambassades les chiffons nouveaux, et les courriers de cabinet se gardent bien de manquer à cette importante mission. Elle a porté le corsage suisse à Pétersbourg au moment où les merveilleuses parisiennes soupçonnaient à peine cette nouvelle invention ; et il y a trois mois, à Rome, elle pressentait la ceinture bébé en élevant la hauteur de ses rubans qu'elle fermait de grandes plaques frisonnes, évidées à jour, comme on en portera demain.

———

Vous avez vu nos élégantes flatter de la main, dans leurs salons, deux beaux lévriers, ou conserver dans des cages dorées des oiseaux des îles ; la princesse, elle, voyage constamment avec son ouistiti favori et transporte de ville en ville, avec une conscience comique, les animaux les plus inattendus : des grenouilles vertes, dûment installées dans un bocal. — Elle se plaît à leurs évolutions immodestes, comme on assiste aux ébats gracieux des petits chats ou des sentimentales tourterelles.

———

Elle n'est rien moins qu'une femme d'esprit,

elle possède une certaine intuition et s'assimile promptement les choses ; elle est originale jusqu'à la folie et cause comme un moulin à vent, mais elle se sauve par le geste qui est charmant et par des attitudes de chatte qu'on ne saurait peindre. Elle sautille en parlant, avec des exclamations inattendues, des crudités invraisemblables et des tendresses exquises. Tout en elle est bizarre, elle pleure à la lecture d'un fait-divers du *Siècle*, et vivant porte à porte avec ses enfants, reste trois jours sans les voir. Elle donnerait sa couronne pour un bouquet de violettes de Parme, est toujours prête à ôter ses bottines quand elle voit une mendiante les pieds nus, et bat sa femme de chambre pour une épingle mal posée.

Elle charge son grand chasseur de la porter dans ses bras, *comme un enfant qui dort*, pour ne pas mouiller ses adorables petits petons, en traversant une ruelle, et gravit la Yungfraü par des pluies battantes.

Si elle a du cœur?... tiens, tâte !

———

Les hommes ont la singulière manie, en face de certaines femmes, de laisser tomber leur tête dans leurs mains et de chercher à comprendre pour trouver des formules et fonder des théories. Mais je vous assure que ce n'est pas la peine, il n'y a rien, ne cherchez pas.

LE BEAU PARIS

LE BEAU PARIS

C'est un grand blond, un peu fade, trop bien mis pour un homme comme il faut; assez beau du reste. — Il y a du Van Dyck dans son affaire, mais Van Dyck sans la race et les jolis modelés; — l'étincelle n'y est pas.

C'est Don Juan, c'est Lauzun, c'est Lovelace; mais Lauzun Gaudissart, Lovelace commis voyageur. Il est *très-drôle*, il dîne au *grand huit*... avec des étrangers, et avale, en faisant *bing!* à chaque coup, trois verres de champagne qu'il fait tenir en équilibre les uns sur les autres. Il chante : *Superbes Pyrénées!* avec son nez, et, en frappant sur la table, fait sauter à tout coup un biscuit dans la carafe.

On n'est jamais seul avec cet être-là !

Pâris est fort goûté et il a le triomphe calme ; quelques-uns de ses compagnons de plaisir, jaloux de ses succès, ne le trouvent déjà pas si beau. — Mais les femmes sont si étonnantes ! C'est l'organisateur juré des soupers fins ; il organise la gaieté au dessert et mâte les garçons ; c'est lui qui propose de *s'asseoir* sur les *grues* qui font leur tête. C'est peut-être un peu vif, mais : *Il y en a ! Il y en a !! Il y en a !!!*

Il connaît son Paris sur le bout du doigt, et vous nomme, sur une simple description, un nez retroussé que vous avez aperçu dans une baignoire à *Bobino*. Quand on a découvert une blonde toute neuve et qui résiste, on fait donner le *beau Pâris*, qui écarte tout le monde avec un certain sang-froid, se met sur le premier rang et commence à fasciner en faisant des effets de torse. — Il passe la revue dans les salles de spectacle, sourit à Mlle Cora, parle avec indulgence au *Caïman*, et apporte des oranges à *Nini-Belles-dents*. — Il est en délicatesse avec Clarisse, qu'il a surnommée : *Tête-de-Veau pour un*.

Quand le *beau Pâris* entre dans un salon, il donne un tour élégant à sa chevelure, dégage son front, ramène ses manchettes, se décollète avec grâce et avance la poitrine ; il porte volontiers la main en éventail à l'entournure du gilet. *Pâris* a des regards profonds et solennels, il est d'une beauté gênante, il trouble et inquiète comme un magnétiseur. Il est très-fort, enlève les altères de cent livres et montre généralement ses biceps au dessert, ce qui rend toujours Nini rêveuse.

Pas de bonne fête sans *Pâris* ; chez ces dames, il est dans sa famille, met son paletot sur le lit et fait faire des tours au petit chien. Il met des tabourets sous les pieds des invitées, et il a, pour leur être agréable, des idées qui ne viendraient pas à une mère. Il fait les honneurs, découpe comme un ange, en disant le mot pour rire, et fait le bonnet d'évêque avec la dinde truffée.

Il est roi chez ces dames, et c'est par elles qu'il touche à l'aristocratie ; il tutoie des princes russes auxquels il donne des conseils désintéressés, et tous les étrangers le trouvent charmant. — C'est lui qui donne un peu d'entrain à ces bals extraordinaires où on annonce sérieusement la comtesse Esbrouskoff ! — la baronne de Gourdakirsh ! — et lady Towteplate ! — Vous voyez cela d'ici, les Allemands sont de Strasbourg, les Polonaises sont nées rue Maubuée, et les Espagnoles sont des Bordelaises qui profitent de leur tournure d'*Avez-vous vu dans Barcelone?* pour s'appeler *Mariquita.*

C'est du Gavarni 1865 qui n'appartient à personne, et c'est dommage ! — Tout un monde insensé ! Des jolies femmes qui s'appellent *Taddeo Taddeï — Otto — Gagliani — de Dorsenville et de Chénegallon...* —

On trouve des Musset tout ouverts sur la table de nuit : *J'espérais bien pleurer, mais je croyais souffrir* — souligné — et des crucifix en zinc sur la cheminée du boudoir. — L'album est un poëme : toutes les Principautés danubiennes, avec Léotard, des zouaves pontificaux et Thérésa, et toujours le petit monsieur célèbre aux Italiens, avec son lorgnon dans l'œil.

Sur les une heures du matin, on voit arriver des brunes que l'on connaît ; elles ont eu des malheurs et sont devenues blondes. Puis viennent des diplomates de pays extravagants, qui font des concessions à nos habitudes, et ne portent plus d'anneaux dans le nez ; la dame de la maison les conduit par la main comme des aveugles, et **Pâris** les présente à des baronnes qui ne les ont jamais vus, et qui leur disent : « *Excusez ! tu salues comme chez ta tante !* » ce qui leur inspire un doute sur la couche sociale qu'ils sont en train de traverser.

Pâris, qui trouve que tout cela ne marche pas,

risque un rond de jambes pittoresque qu'on attendait comme la manne ; à deux heures, la baronne Otto enlève avec son pied les louis que des personnes obligeantes de la société veulent bien poser sur leur nez ; à trois heures, c'est plus qu'oriental, c'est lesbien, on se tutoie, et *Mariquita* s'appelle *Imilie* comme une bonne fille qui ne fait pas sa tête.

L'Aurore aux doigts de rose entr'ouvre les portes de l'Orient. Le *beau Pâris* casse une croûte sérieuse et dit modestement : « Je crois que cela a assez bien marché. » Tout le monde est parti, lui reste, il allume un cigare, — c'est l'heure du berger.

LA PETITE DALILA

LA PETITE DALILA

Je suis une femme électrique, vouée aux romanesques amours; petite, chétive, malingre et souffreteuse, pleine de soubresauts violents et de ternes léthargies; aujourd'hui, fiévreuse, ardente et spontanée, demain, sans appétits, sans désirs et sans vie.

J'ai mal à l'imagination comme on a mal à la tête; vous qui savez à quelles ardeurs je suis en proie, dites que j'ai quelque chose là ! — Je le sens, je le sais, je le vois. Dites-le, ce sera mon excuse.

Quel gâchis, ô Vénus ! — Tantôt Impéria, tantôt madame Fernel. J'ai des accès de sagesse et des frénésies de débordement. — Il me faut tous les jours un cœur au râtelier. — Mais au fond, croyez-le bien, je suis une bourgeoise exaspérée. Vous le voyez, je me mets simplement ; j'ai conservé le culte des bandeaux bouffants ; je tiens bon contre les chapeaux sans bavolets, et je mets des cachemires longs comme une mercière qui va à une messe de mariage. Je ne vois personne de mon monde ; je ne suis pas dans le mouvement. Mon meuble est en palissandre, et mon cabinet de toilette est bourgeois au possible ; on se croirait chez des notaires. — A côté de cela, j'ai des fringales de toilette comme j'ai des fringales d'amour, et ces jours-là je me coiffe en chien comme le *Caïman*, je me décollète dans le dos et je me fourre de la poudre d'acier dans les cheveux ; pour un peu je me teindrais en acajou neuf comme Cora; mais je reviens vite à des sentiments meilleurs.

Comme je me pique un peu de littérature, — vous savez que j'ai de qui tenir — j'observe avec intérêt la marche de mes sensations, rien n'est plus comique, et je lis dans mon âme comme dans le premier mauvais livre venu.

Ecoutez-moi, je vais m'épancher et vous ouvrir simplement mon cœur. — Que celle qui est sans faiblesse me jette la première pierre! Je suis tranquille, je ne mourrai pas lapidée.

Je ne me fais point illusion sur mes charmes, mais j'ai certainement le *je ne sais quoi*, et j'arrête le regard de ceux qui voient jusqu'au fond des cœurs. Vouée à la scène à peine au sortir de l'enfance, j'étais un enfant prodige; aujourd'hui je suis encore une artiste de proie quand je trouve un caractère ou un type, mais on ne peut pas aimer toute chose, et l'amour est désormais la vocation qui m'entraîne.

Je suis la femme la moins renseignée de Paris, quoique vivant dans les coulisses ; le domaine des faits m'est absolument fermé, et je n'écoute que d'une oreille distraite les cent nouvelles qu'on me débite chaque soir. Les quitteries, les mariages, les scandales, les nouvelles à la main me sont absolument indifférents. — Vous saurez tout à l'heure ce qui me touche davantage.

Soyez beau comme l'Antinoüs ou le dieu dont l'arc est d'argent, vous ne m'arracherez ni un regard ni un soupir ; je suis la providence des victimes et des méconnus : j'aime les ascètes et les Z. Marcas, j'ai horreur des gens gras, fleuris et bien portants ; je ne veux pas qu'on m'amuse, et les comiques me font horreur; j'aime la fièvre et les frissons dans le dos, et si vous connaissez des êtres flétris, hâves, courbés sous le poids du destin, qui vous font des bleus au poignet en vous disant :

« M'aimes-tu? » nous pourrons nous entendre.

Constamment sincère et constamment trompée, j'ai des trésors d'illusions; je ne vois plus personne autour de l'être aimé; j'ai des ivresses de jeune fille, des ravissements sans fin, des expansions virginales et des mélancolies indicibles. Je cherche les allées solitaires et je grave des initiales sur l'écorce des trembles au feuillage argenté.

Il parle, le bien-aimé! J'écoute sa voix, ma main dans sa main, mes yeux dans ses yeux; c'est une musique céleste, une ineffable harmonie. Je suis en état de grâce, je parle tout bas comme si j'étais malade; je prends des airs intéressants; j'ai les yeux humides, et, don précieux de la nature, je ne recule même pas devant l'éloquence des larmes.

Tout cela est très-sincère, et c'est très-bien fait. Si le bien-aimé n'est pas bête (cela peut arriver quand on fait des expériences), je vous assure que ce n'est pas sans charmes.

Si vous me voyiez alors, je ne sais pas comment ma nature frêle résiste à cette haute température ; je monte des escaliers quatre à quatre ; je viens de quitter le bien-aimé, et j'écris des lettres de huit pages où je mets des baisers dans des ronds ; j'ai des jalousies de tigresse, et je plongerais des poignards dans le sein de toutes les femmes du monde. Je viens carillonner en sursaut à la porte de l'élu de mon choix, ou je viens l'attendre dans des fiacres borgnes dans les endroits les plus invraisemblables, quand rien ne m'empêcherait de le voir sans contrainte et bien commodément. C'est Vénus tout entière à sa proie attachée ; s'il va dîner dans le monde, je le fais demander par des commissionnaires en velours bleu qui écorchent son nom et se trompent d'étage, — il ouvre ma lettre, une fleur tombe, les femmes sourient, mais elles sont furieuses.

Si je suis mordue au printemps, je vais faire mes dévotions au renouveau, je viens en face de la nature sourire à ses premiers beaux jours, je cueille des violettes avec le bien-aimé, je déchire mes mains aux buissons d'églantine; je veux dîner, en avril, sous les tonnelles encore dépouillées de leurs feuilles, et je m'arrête, toutes les cinq minutes, pour demander avec des larmes dans la voix : « M'aimez-vous, Georges? »

J'ai même trouvé des Georges qui n'aimaient pas ça, et, pas plus tard que l'an passé, l'un d'eux m'a répondu : « Vous m'affligez, Hortense ! » — Ah ! je le vois bien, tous les cœurs ne battent point à l'unisson !

―――

Pour sûr, je suis un thème; si vous êtes poëte,

chantez, rêvez et brodez vos fantaisies; enfourchez l'hippogriffe aux ailes blanches, vous pouvez me prendre en croupe! Je vous suivrai dans le pays bleu, sans avoir le vertige; je n'ai jamais terni l'azur d'un beau ciel: si je ne vous ouvre point de nouveaux horizons, je ne cacherai jamais les vôtres et ne vous ferai point retomber lourdement sur la terre.

J'ai horreur du banal et du réel, je me sens la proie d'irrésistibles désirs, de volcaniques fantaisies, et, comme l'ange du Tobie de Rembrandt (je donne volontiers dans les peintres), je voudrais m'élancer les deux ailes ouvertes, planer longtemps dans l'espace, respirer l'air pur à pleins poumons et fourrager à pleines lèvres dans le jardin de l'idéal où il n'y a pas de fruit défendu. J'ai l'œil de Marguerite et le cœur de Manon, je prends naïvement mes palpitations de cœur pour des élans, je rayonne et je me transfigure, je nage dans mon amour, je m'y noie, et, jouet d'un éternel désir toujours inassouvi, je suis madame Don Juan à la recherche de l'Idéal qui enchaînera à jamais son désir et fixera ses ardeurs.

Je convoite tous les fruits d'or de l'arbre d'amour, mes bras en sont chargés, ma robe en est pleine; j'étends encore la main vers les branches, et je laisse rouler à terre ceux que je tenais déjà. Insatiable toujours, je voudrais que l'humanité tout entière n'eût qu'une seule lèvre pour y coller la mienne et mourir dans un gigantesque baiser.

Ma vie est un long rêve, je ne sens ni les morsures du soleil, ni les baisers glacés de la bise; je marche, les pieds dans la neige, avec des rayons dans le cœur, et je vais à mon but inexorable, l'Amour.

On ne me prend point, je suis prise, je marque ma proie d'une croix invisible, et elle m'appartient. Ne cherchez point ce qui m'a pu séduire, c'est l'insondable. — Un éloge donné à un absent, son portrait vu sous un jour favorable, un récit romanesque, une œuvre émue, et j'aime un être que je n'ai pas encore vu, je suis à lui tout entière; mon imagination s'en empare, je ne vois plus, après avoir vécu dans la contemplation de mon idée fixe, qu'un être de raison que je pare de fleurs, et qui ne m'apparaît désormais qu'à travers la fumée de l'encens que je brûle à plaisir devant lui.

Idéale *cristallisation* dont je suis l'implacable victime. Toujours désabusée, mais toujours prête à m'abuser encore.

———

J'ai supprimé l'amour-propre en amour, cela me gênait; rien ne me rebute, ni le dédain, ni même le mépris; j'aime, et peu m'importe que vous soyez à moi, je veux être à vous. Je vais ramper à vos pieds, et je passerai la nuit à vous attendre, et quand vous rentrerez à l'aurore je vous montrerai un visage radieux, et j'épierai dans vos yeux vos moindres désirs. Mais, demain peut-être, je deviendrai le jouet d'un nouveau mirage, et, comme les personnages des contes merveilleux, moi qui croyais tenir dans la main des diamants et des rubis, je ne trouverai plus à la place que cendres et durs cailloux. Comme notre poëte aimé, j'avais rêvé longtemps les pommes d'Hespéride, et je m'aperçois que j'ai pressé tendrement un navet sur mon cœur.

A partir de ce jour, vous n'existerez plus pour moi, vous ne serez même pas un doux souvenir qui parfumera ma vie; vous n'occuperez point dans le cimetière où dorment les amours une jolie tombe sur laquelle je cultiverai soigneusement l'asphodèle et le cyprès. Je jetterai sur le passé défunt la chaux vive qui corrode et dévore pour courir à de nouveaux mirages.

Je sais mener les cœurs en laisse et je connais l'art de régner sur un peuple d'amoureux sans jamais les décourager ; je les attèle à mon char ; je fouette ou je flatte, et je mène à grandes guides. Tous les hommages m'agréent, du cèdre à l'hysope, depuis celui du prince qui arrête sur moi son œil calme jusqu'à celui du facteur qui me couvre d'un lubrique regard, et je sème toujours sans vouloir jamais moissonner ; mais j'ai fait naître le trouble et le désir, je rayonne. — Fascinons, mes sœurs, il en reste toujours quelque chose !

Si je ne suis pas prise, je ne veux point que vous soyez à moi, mais vous ne serez point à d'autres, et au moment où, rebuté, vous tentez de m'échapper, je serre de nouveaux liens en m'abandonnant dans une douce mesure; je tiens ainsi les cœurs dans un continuel servage, tempéré par des demi-bonheurs et des concessions sans danger. Un aveu par-ci, une confidence par-là, mon front qu'on effleure, ma main qu'on serre à la dérobée, un regard humide et savamment chargé de décevantes promesses, c'est plus qu'il n'en faut pour ranimer l'ardeur d'un espoir qui s'éteint, et, plus adroite que Philis, je laisse espérer toujours sans désespérer jamais.

Oh! l'amant des autres! quel délicieux fruit défendu, c'est le verger qui me séduit et m'attire, et nul fruit savoureux, à portée de mes lèvres, n'a pour moi l'attrait de celui que je vois mûrir et se dorer sur l'espalier voisin.

J'aime à troubler les simples; je dépense pour les séduire des trésors de coquetterie, et j'éprouve une joie indicible à les voir s'empêtrer dans mes lacs ; j'ai des poëmes d'amour dans les yeux, je laisse deviner des douleurs sans trêve. Je parle d'avenir brisé, du tourbillon qui m'emporte, du grand trou noir qui m'attire et de ma vie manquée sans retour. J'évoque la famille absente, le foyer vide, la vieillesse solitaire. En m'écoutant, ils se lamentent sur un passé fatal, et tous ces Didiers voudraient me rendre ce que Marion a perdu ; — mais on ne retrouve jamais ces choses-là.

J'apprivoise aussi les fauves et je dompte les lions. — C'est ma spécialité. J'appelle l'amour, et quand il vient à moi, pur, candide, violent et respectueux tour à tour, je ne veux plus l'entendre et je détourne la tête. J'ai fait la plaie, mais je ne veux pas la lécher.

Ces êtres despotiques, qui ont gardé la virginité du cœur et n'entendent rien à nos adorables singeries féminines, avancent la main pour me saisir ; je me recule à mesure qu'ils approchent, ou je les gorge de friandises pour tromper leur faim qui réclame une proie plus sérieuse.

Il est doux de voir un homme voué aux ardentes conceptions, douloureusement épris de l'idéal, impérieusement dominé par une grande idée, se prendre les pieds dans des mailles de soie et faire de la tapisserie aux genoux d'un être qui prend son cœur pour une pelote de satin et y plante ses épingles avec un cruel plaisir. J'ai été Dalila et la reine Omphale, mais je ne tiens pas à voir se tarir sous mes yeux la source de l'inspiration et la sève du génie ; non, je ne pousse pas au noir, il me suffit qu'un illustre soit un peu ridicule ; cela n'est pas sans charme, surtout quand on a des compensations à portée de la main. Je suis la réduction Colas de la princesse Gonfalonieri, à laquelle un doux académicien doit son plus beau succès.

Je suis encore la femme qui éteint les lampes pour mieux quitter la terre quand on joue du Chopin, je ne veux rien voir sous son jour véritable, la soif de l'idéal me tourmente et je me laisse glisser le long des berges quand la lune ouvre dans l'onde son éventail d'argent. Si mon amant parle, je le supplie de ne pas troubler la solitude et de laisser dormir dans les halliers les Faunes et les Egypans. J'ai un vers de n'importe qui pour n'importe quelle situation. — Il faut que je le place et je le placerai, soyez tranquille ! — C'est ainsi que je fascine les lettrés.

Les cœurs blessés, les mélancolies profondes, les plaintes de la brise, le blanc spectre du tremble, les mille voix de la nature et les harpes éoliennes, voilà bien mon affaire ! Je plane dans l'azur, fuyant les lumières ardentes de la rampe et mes horizons de carton peint ; je veux les brises caressantes, les berges fleuries, les dômes de verdure. Je cueille les liserons qui entourent les troncs des saules et les grandes sauges violacées qui croissent au bord des rives ; comme Ophélia, l'immortellement triste, je me couronne de romarins. — Ne me parlez point théâtre, courses, soupers et parties fines ; je n'ai jamais mis le pied aux Provençaux, je vous ai dit que je n'étais pas dans le mouvement. Ce qu'il me faut, ce sont les couchers de soleil, les nuits crépusculaires, les aboiements lointains, le cri persistant des grenouilles et la note veloutée de l'angoulevent, les bruissements d'ailes, les pépiements confus de la nature au réveil. — Et tout d'un coup, je quitte tout cela, je pars haletante et poursuivie par une idée fixe... J'arrive. — Ah ! quelle étreinte !!... Ce jour-là, celui qui m'appellerait longtemps « mon ange » en me regardant le blanc des yeux, ne serait pas physionomiste.

Voyons, je crois que j'ai bien tout dit ; vous ne

me reconnaissez peut-être point encore, mais vous me connaîtrez désormais, je suis un être intime, il faut me suivre pour me comprendre, — et je ne demande pas mieux qu'on me suive. On dit que je suis une grande actrice, c'est possible, et je le croirais volontiers, mais mon vrai théâtre n'est pas la scène, c'est le boudoir, et je vous réponds que là je ne manque jamais mes entrées. J'ai du feu là-dedans — et je me précipite tête baissée dans l'amour comme les beaux bourdons de velours et d'or s'engloutissent dans les roses trémières. Quand je sors des calices je suis complétement grise ; vous me direz que mon ivresse se dissipe vite ; mais qui a bu boira, et le lendemain je reviens à la coupe.

J'ai dans le cœur une sève inépuisable et ma vie est un printemps éternel ; je fleuris sans cesse comme une plante généreuse sous un ciel clément, et mon nouvel amour doit toujours être irrévocablement le dernier ; mais qu'est-ce que vous voulez ? je suis une femme électrique, on ne se refait pas. — Me voilà, qui veut m'aimer et me le dire ! qui veut être séduit et trompé ! Ma lèvre est brûlante et mes yeux sont pleins de langueur. — Mon cœur est mort, vive mon cœur !

L'ERMITE

DE LA CHAUSSÉE-D'ANTIN

L'ERMITE

DE LA CHAUSSÉE-D'ANTIN

Une ermite! — en plein dix-neuvième siècle, en pleine Chaussée-d'Antin, à la face de Paris, qui s'en doute, mais qui est tellement agité qu'il n'a pas le temps d'aller aux preuves. — Rien de M. de Jouy, de l'Académie française. — Quand les diables roses deviennent mûrs... Vous savez le reste.

La recluse dont il s'agit se condamne à la solitude pendant cinq mois de l'année, pour donner à entendre au monde parisien qu'elle vit dans ses terres. C'est aussi vrai qu'invraisemblable. Voyez où peut nous mener la vanité!

Elle licencie toute sa maison quand les Parisiennes ferment leurs salons, et sa livrée se compose, quand les champs n'ont point d'ombre, d'une vieille femme qui adore Madame.

L'ermitage est entre cour et jardin, avec des volets verts, comme dans Jean-Jacques; il est soigneusement clos et abrité des feux du jour. L'autel est une toilette Pompadour, le bréviaire un roman plastique, les bruits du monde n'arrivent plus jusqu'à la recluse qui se jette avec avidité sur les gazettes. A l'heure où la terre est brune, la dame s'échappe, et, frétant un fiacre interlope, va respirer au bois. Le papillon léger des soirées d'hiver est redevenu chrysalide, la blanche mousseline et les colifichets roses ont disparu sous un manteau couleur de muraille.

Un Parisien en rupture de Bade ou d'Arcachon,

venant errer en juillet sous les ombrages du bois, peut impunément se trouver face à face avec l'Ermite, sa toilette discrète, son voile épais et son manteau couleur de muraille permettent d'invoquer un alibi.

Otons le manteau sombre et levons le voile épais !

La livrée est bleu de ciel et argent, les valets conservent soigneusement la tradition de la poudre. L'hôtel, sombre, discret, presque triste, s'élève entre le carrefour de Notre-Dame de Lorette et celui du Mont-Blanc. — L'Ermite n'a jamais pu dire « Chaussée-d'Antin. » — La loge à l'Opéra est au niveau du foyer et porte un numéro fatal. La dame est blonde, et, malgré cela, pousse l'amour des couleurs violentes jusqu'à l'audace, elle se poudrait les cheveux bien longtemps avant la comtesse B....e, qui prétend en avoir fait revivre la mode.

Elle a trente-cinq ans quand on regarde ses épaules, — quarante quand on voit son visage — et quarante-six quand on lit son extrait de naissance. — Mais qui est-ce qui peut jamais lire ces choses-là?

Avec ses quarante ans — dites merci, madame! — elle a une taille adorable, des mains comme la marquise de Boissy; et, quant à son visage, sachez qu'elle a dit un jour avec une profonde mélancolie : « Toujours montrer son front et jamais ses... épaules ! »

L'Ermite se défend, elle se cramponne, elle résiste, elle n'a renoncé à rien, et ne veut pas abdiquer ; — elle trouve du reste des sujets qui lui demandent à genoux de garder la couronne. Elle se rattache à la vie avec obstination, elle a des tristesses infinies et des mélancolies profondes en sentant le sceptre lui échapper, mais elle lutte, et son vent elle triomphe. — C'est une femme à feuillage persistant.

———

Venez avec moi ! Escaladez le balcon ! — C'est un peu lâche ce que je vais faire là, mais quand on a un pied dans le crime... D'ailleurs j'ai mon idée, je me sauverai par la forme.

Procédons par ordre :

Voilà des persiennes. Ecartez un peu les lames, touchez, en dehors de la fenêtre, le rideau de serge destiné à assombrir ; puis la vitre. A l'intérieur, un rideau de tulle ; par-dessus le rideau de tulle, des rideaux de soie cramoisie, et sur le tout, encore de grands rideaux à embrasse et en écharpe. — Six obstacles entre elle et la lumière du ciel et des combinaisons à faire rêver un photographe ! Remarquez, malgré ces précautions, qu'elle va se mettre instinctivement à contre-jour.

Elle entre dans son salon, vêtue d'un grand peignoir de batiste, sans ceinture, un seul grand pli, une sorte de peignoir Watteau. Les cheveux, complétement dénoués, pendent sur les épaules. — C'est un souvenir d'enfance, mais je pense à la Persiani dans *Lucie*, à l'acte de la folie. L'Ermite n'est pas folle, au contraire, mais elle vient de verser sur sa chevelure un flacon de *Procédé* qu'elle laisse sécher. — Elle va droit aux dracenas, aux azalées et aux plantes vertes qui décorent son salon et les nettoie feuille par feuille, elle met elle-même de petites housses de papier aux boutons de cuivre des portes et aux ferrures des fenêtres, et, un plumeau mignon à la main, inspecte les Phylis et les Corydons de Saxe qui ornent ses étagères.

Ici, tout à sa signification; remarquez donc le petit chien havane qui court de salon en salon, un ruban bleu au cou. C'est la plus jolie bête de Paris. Quand l'Ermite sort, une fenêtre s'entr'ouvre mystérieusement, une vieille femme passe son bras décharné et montre une dernière fois à sa maitresse, qui lui sourit tendrement, cet amas de poils blancs frisés où éclatent trois points noirs et une langue rose.

Tous les jours, l'Ermite jette sur ses épaules un grand manteau rouge, comme celui que la baronne Vigier inaugura un beau soir à l'Opéra, et elle descend inspecter la sellerie. Tout y passe, cuivres et harnais; elle décroche un énorme plumeau, s'empare d'une peau de daim, et, soigneusement gantée, donne du lustre aux poignées de cuivre et met des points lumineux aux gourmettes.

L'écurie est vide; elle n'a point de chevaux à elle. Vous concevez: les fourrages, le fumier, les garçons d'écurie en sabots; — cette seule idée la trouble.

La cuisine est merveilleuse de propreté, elle semble peinte par Droling ; mais c'est la cuisine de la Belle au Bois Dormant, — une batterie et des fourneaux *in partibus ;* on sent que la vie s'est retirée de là ; nous touchons à un mystère.

Les dressoirs sont splendides ; la salle à manger, qui communique à un petit jardin d'hiver, contenant une volière pleine de calfats et de cardinaux, ne sert jamais. On doit dîner comme au Gymnase, sur un guéridon, et en un quart d'heure. — Postez-vous sous la porte cochère qui fait face à l'hôtel (est-ce que je ne vais pas un peu loin ?) et vous verrez, sur les cinq heures, sortir un valet de pied poudré qui va chercher du bouillon dans une boîte au lait et rapporte des mets étranges dans des papiers imprimés.

Les domestiques sont muets, réfractaires au louis séducteur ; nul doute qu'ils savent où est le cadavre, mais ils ne feront pas de révélations.

Jamais on ne voit s'ouvrir les fenêtres de l'hôtel, qui donnent sur la rue, c'est par les baies de la cour qu'on ventile les appartements. La vie est donc murée, mais il y a des hommes assez peu délicats pour s'introduire, sous de fallacieux prétextes, dans les mansardes qui plongent sur les logements des gens, et ils ont pu voir, aux changements de saison, l'Ermite de la Chaussée-d'Antin, avec ses rouges caracos et sa jupe blanche, venir confier elle-même au vétyver protecteur les robes de l'année qui s'en va. Huit jours durant, dans des combles encombrés de malles, on la voit méditer en face des étoffes bariolées qu'elle embaume jusqu'au retour des beaux jours.

La toilette de l'Ermite prend les proportions d'une solennité ; on ne se doute pas de ce qu'elle met en œuvre à cette heure imposante. C'est une pièce qu'on monte, *Macbeth* ou *l'Africaine*, et M. Sacré, le grand machiniste de l'Opéra se troublerait à l'aspect de cette mise en scène. — Il y a des auditions, des raccords, des répétitions, coupures par-ci, additions par-là. Que de fioles, de pommades, de collyres, d'élixirs, de cold-cream? Jusqu'à des instruments de forme inconnue qui font rêver les gens naïfs, des pencils japonais, des vases d'Armide et du blanc nymphien. — Ne parlez pas, ne vous agitez pas autour d'elle! Madame compose! — Il y a même jusqu'à des claqueurs qui se pâment comme des dilettantes ivres de mélodie!

Enfin, quand le peintre peut signer son œuvre, si vous fermez légèrement les yeux, et si vous avez de l'imagination, vous retrouverez, en regardant l'Ermite d'un peu loin, l'admirable créature qui, un jour, damna le plus austère des doctrinaires, et pour laquelle les échappés de collége de 1840 auraient volé le Koh-i-Noor.

L'Ermite vit désormais dans un calme absolu et presque monastique; son existence est écrite *en mineur*; elle se meut lentement et passe des journées entières, assise dans son fauteuil; elle ne reçoit plus et ne tient au monde que par l'Opéra où elle s'entoure d'êtres singuliers et impénétrables. On la voit encore au bois ou à l'église; chaque jour, en hiver, les portes de l'hôtel s'ouvrent presque discrètement, sans fracas, et la grande calèche à huit ressorts s'ébranle. — Belle tenue, cochers et valets de pieds poudrés; un nuage de mousseline tacheté de rose, la note violente d'un manteau Fra Diavolo qui encadre les épaules en se gardant bien de les couvrir; des chairs blanches qu'on devine sous une guimpe; deux yeux noirs « un peu de rouge à la pommette, un peu de khol au bord de l'œil, » et l'éventail qui recouvre comme par hasard le bas du visage, — cela passe et n'est déjà plus, et le passant rêve, la vision s'est évanouie.

C'est l'heure où dans la Babylone de M. Pelletan,

par les grandes avenues plantées d'ormes, les indolentes promeneuses vont faire six fois le tour du lac. Les passants qui, rivés à la terre, voient passer ce lumineux attelage, semblable à une gondole pavoisée, se demandent à qui est cette divinité. — Zéphirs, soyez discrets, ne levez pas l'éventail ! et laissez au passant rêveur toute son illusion. « *Toujours montrer son visage et jamais ses... épaules !*

Je ne sais pas son âme et ne saurais la dire; ses amours sont mystérieuses. Je crois qu'elle sait contenir la passion de ceux qui l'entourent dans les limites de l'idolâtrie respectueuse qui lui plait. Elle prend les cœurs en sevrage, cicatrise les douleurs et panse les âmes ulcérées ; elle entretient soigneusement les adorations timides qu'un vague besoin de dévouement inspire aux jeunes gens, et ces adorations discrètes produisent sur son cœur un agréable chatouillement qui tient le sensualisme en éveil sans exiger le sacrifice.

C'est sans doute en vertu de ces principes que sa voiture, avant de s'engager dans la grande avenue des Champs-Élysées, s'arrête entre la place Vendôme et la rue Saint-Florentin, à la petite porte de service d'un ministre. — Vous voyez ce jeune homme pâle, Rastignac ou Rubempré, qui glisse le long des murs, c'est pour lui que va s'abaisser le marchepied ! — Singulier mystère ! le jeune inassouvi boit du lait sucré dans un maillot vert tendre, il n'y a pas à en douter ; mais il est mal coiffé. Coiffure fanée, à reflets rougeâtres, aux bords éraillés. — A peine hors de vue; sans que le passant y ait pris garde, il a changé le piteux chapeau de l'expéditionnaire contre le brillant Pinaud à reflets métalliques de l'homme élégant. — C'est le tour du chapeau, bien connu dans le quartier.

Le cœur des femmes est plein de mystères, et parfois les banquettes de leur huit-ressorts sont fécondes en surprises. — Vous le voyez, cette précaution charmante, c'est la maternité dans l'amour; tendance particulière aux femmes de quarante ans qui vous mènent à la passion par l'amitié — en faisant le grand tour — bienheureux quand elles n'intriguent pas pour qu'on descende aux côtes !

L'OPTIMISTE

L'OPTIMISTE

Martial est un heureux homme! tout lui réussit et tout l'enchante, il est gras, fleuri, souriant et clair ; il trouve que le monde est bien fait, les rouages de la machine fonctionnent bien, tout lui vient à point, sans effort et sans secousse, et, par une succession de bonheurs constants, il vit dans une éternelle béatitude.

Martial est bête — il n'y a pas à s'en dédire, — mais ce n'est pas la première bête venue, car il met une certaine grâce dans sa bêtise, et encore qu'il vous énerve et vous fatigue, il vous intéresse par sa candeur; il y a presque de l'esprit à être bête de la sorte; c'est une école, et il y a quelque chose là.

Bon Martial, comme ses bêtises lui vont bien! Elles viennent à éclosion simplement et sans effort, comme les fleurs sur un rosier; il les caresse, il les développe, les arrondit et les cisèle, et le sourire lui vient aux lèvres quand il les signe.

Vous êtes sans défense en face de sa candeur; il dit à un homme d'esprit : « J'aime à avoir l'opinion des gens qui ne s'y connaissent point, lisez et dites-moi ce que vous pensez de mon rapport. » — On croiserait un insolent en lui jetant sa prose au nez, mais tant d'innocence vous désarme, vous vous résignez et vous lisez; l'*optimiste* est fonctionnaire, et il fonctionne en chantonnant avec satisfaction devant un joli bureau. Sa plume est meilleure que la vôtre, sa cheminée chauffe mieux, sa montre est plus juste, le drap de sa redingote est de meilleure qualité, son canif coupe mieux et son sucre lui-même est plus blanc que le vôtre. — Et notez qu'il paye tout meilleur marché que vous ! — Voulez-vous savoir son secret : — *Il sait s'arranger !*

L'*optimiste* est précieux, raffiné, tatillon ; il a toutes sortes de petites inventions à son usage particulier et ne sait pas comment vous faites pour éprouver de petits mécomptes dans la vie. — Vous vous plaignez des courants d'air ? — lui ne sait absolument pas ce qu'est un vent coulis et ne comprend pas que vous soyez enrhumé. — Vous avez froid aux pieds ? — il vous recommande ses petites semelles de finette, et le voilà qui chantonne ! Votre digestion est lourde et vous êtes oppressé ? — Que ne prenez-vous ses petites pilules ! — Et il chantonne encore. — N'avez-vous pas avoué que votre maîtresse vous trompe et vous coûte fort cher ? — Celle de Martial lui coûte fort peu de chose et c'est un modèle de fidélité. Comme lui-même, elle *sait s'arranger*, elle trouve des occasions de cachemire à quinze louis et des chantilly dont on voulait se défaire. — Et il chantonne toujours !

Tout bien considéré, j'aime bien Martial. D'ailleurs, c'est un honnête homme, et c'est là le grand point ; et puis c'est une variété dont il faut conserver la graine.

Oui, *il sait s'arranger!* Il met tant d'ordre dans sa vie qu'il ferait aimer le désordre. Son existence est comme ces meubles précieux des siècles passés, qui renferment d'innombrables tiroirs consacrés à des usages spéciaux. Les hommes d'imagination ne les ouvrent jamais. — Lui les ouvre toujours, et c'est ce qui fait sa force.

Il est calme, serein, rien ne le trouble ni ne le confond ; il n'admire rien tant que tous ses petits tiroirs et ne trouve rien difficile, ni l'œuvre d'art, ni le livre, ni la symphonie, ni le tableau. Comme la machine qui l'emporte dans ses évolutions est montée depuis longtemps, fonctionnant, grâce à une force acquise, il s'imagine qu'il est cette force motrice et s'essuie le front en se laissant tomber sur un fauteuil. Et sa famille lui décerne de petites couronnes civiques.

Martial remonte volontiers les courants, il dit blanc si vous dites noir, aime la controverse et a toujours un Dieu tout prêt à opposer au Dieu de tout le monde. Il est bienveillant avec les inférieurs, digne avec ses égaux, très-plat avec les puissants, et glisse volontiers des dragées dans leurs poches.

Rien ne l'étonne ; il mesure les abimes sans vertige, il ne reconnaît pas d'incompétence, et, si on lui offrait le pouvoir, il ne trouverait pas cette offre invraisemblable. Les lauriers d'un voisin l'empêchaient de dormir, il a fait son petit livre, et il passe devant les libraires pour voir son nom à l'étalage.

On ne sait pas ce que peuvent l'assiduité, une belle cravate blanche, un grand contentement de soi-même, une bêtise silencieuse et une certaine tenue doublée d'un aplomb imperturbable. Les grands n'ont pas le temps de juger les hommes, ils ont ordonné Martial pasteur, et désormais il mène un troupeau comme on accomplit un sacerdoce.

Innocence heureuse! béotisme touchant. Va, Prudhomme doublé de Jocrisse, sois florissant et vermeil, et juge les hommes, ignore la tyrannie de la pensée et la fièvre du travail, toi qui te flattes de produire sans effort et ne sais point qu'une phrase est une œuvre. — Lis tes *Mystères du cœur* à tes petits, en les leur offrant comme un modèle, ces strophes ne résonnent-elles pas à tes opulentes oreilles comme un chœur délicieux ?

Développe-toi, arrive à l'éclosion suprême, monte jusqu'aux cimes sans effort et sans ivresse... cueille des palmes et décerne-toi des couronnes;

tous les bonheurs t'attendent, et, au sommet, le plus grand de tous; car ta place est marquée, et le royaume des cieux t'appartient!

LA VIEILLE GARDE

LA VIEILLE GARDE

Il ne faut pas ressusciter la loi farouche des Lacédémoniens, qui ordonnait de mettre à mort les vieillards comme inutiles à la république, mais on peut dire qu'une femme n'a le droit d'avoir les cheveux blancs qu'à la condition d'être épouse ou mère.

La mère est plus respectable que l'amante, l'aïeule est plus chère encore. Connaissez-vous un spectacle plus doux au cœur que cette réunion de petit êtres blonds groupés autour d'une femme qui a vieilli dans le devoir, dont les enfants ont vécu comme elle a vécu elle-même, tradition constante de dignité maternelle et de fidélité conjugale ?

La phalange chevronnée, dont je veux dire les aspirations, ne se recrute pas dans ces foyers bénis où la femme devient plus chère à mesure qu'elle avance dans la vie. Elle n'a ni foyers, ni dieux lares, ignore les joies paisibles et la douce satisfaction du devoir accompli. Elle a déserté la famille qu'elle trouvait humble et monotone, et s'est dérobée à ce devoir qui lui semblait trop lourd, échangeant une vie de concessions mêlées de joies pures contre les âpres et faux plaisir d'une existence fiévreuse et vide. Du bruit, des adulations, du faste, des joies capiteuses, des émotions malsaines, des amours passagères, et l'éclat d'une triste célébrité, rayon selon les uns, stigmate selon les autres ; voilà ce qui la séduit et l'entraîne.

Mais un jour, le teint se fane, le front se ride,

les yeux se creusent et le rayon devient fer rouge; la solitude se fait autour de celles qui rendaient le vice attrayant à force de grâce et de beauté; alors, ceux qui ne pardonnent pas de vieillir s'en vont un à un, comme des lâches, en glissant le long des murs; et le remords vient seul s'asseoir à ce foyer vide.

La vieille garde, bataillon fardé composé des vétérans de l'amour vénal, est une institution toute parisienne. Dans les autres villes d'Europe, les femmes déclassées se transforment ou rentrent dans la société régulière; ici, elles continuent à constituer une classe à part, dont les mœurs offrent un sujet d'étude. Elles ont leurs dignitaires, admettent toutes les divisions et toutes les castes; c'est une société organisée à côté de la vraie, elle gravite autour de la première sans jamais la rencontrer, et, comme elle en diffère surtout par les côtés moraux, un étranger, en entrant dans ces salons qui ont tout du monde excepté la considération, court risque d'être leur dupe.

L'aristocratie de ce monde est hideuse sous ses diamants et son fard, il y a là des forfaits impunis et les drames y sont fréquents. Ce sont des vieillards circonvenus, des beaux noms vendus et payés avec l'argent du vendeur, des contrats surpris et des testaments influencés. C'est ainsi que quelques célébrités vieillies ont conquis leurs parchemins, réguliers du reste et inattaquables.

Regardez autour de vous, jetez les yeux dans les loges les plus élégantes, à l'Opéra ou aux Italiens, promenez-vous au bois, vous les voyez dans les meilleures loges ou traînées par les plus beaux chevaux. Elles ont hôtel à la ville et château à la campagne, et, l'hiver, ont leur dîner du Lundi auxquels assistent de très-honnêtes gens ma foi ! Un convive a amené l'autre, on est là moins gourmé et plus spirituel que dans le grand monde, les femmes y sont faciles et le jeu brillant. On y choie les hommes d'esprit, ils ont là leur fauteuil et leur rond et on leur permet le mot badin et le cigare ; — on n'est pas un Alceste, on aime ce monde et ce monde vous aime, de sorte qu'un jour, sans y prendre garde, on se trouve être devenu l'hôte assidu d'une drôlesse qu'on ne saluerait pas si elle était homme.

Si la Providence, qui, cette fois, espérons-le, porte le nom du baptême du hasard, permet que le mari qui a convolé *in extremis* expire dans les plus atroces douleurs, rien ne manque plus ici-bas au bonheur de l'hôtesse dont la maison était attristée par le spectacle de cette caducité. Tout renaît et la gêne est bannie de ce foyer malsain ; on met deux rallonges, on démeuble les salons, on sort l'argenterie, on ôte les housses et les tapis et on se trémousse en ripaillant sur la tombe de celui qui a fait ces loisirs.

Voici la première classe de ce monde interlope qui n'est pas le demi-monde et vaut bien moins que lui; c'est la nuance la plus foncée et la plus dangereuse parce qu'elle tente de battre en brèche la vraie société à l'aide de ses parchemins.

La seconde classe, par son luxe et la place qu'elle occupe, se compose de reines de théâtre fourbues, d'aventurières de bas étage, d'héroïnes de mauvais romans, de célébrités déchues qui sentent le sceptre de beauté glisser dans leurs mains et s'aperçoivent que la quantité de l'encens qu'on brûle sur leur autel baisse de jour en jour. Elles se précipitent alors sur le premier cacochyme venu, pourvu qu'il soit millionnaire et qu'il ait déjà un pied dans la tombe; et les hivers de ce vieillard faible ou corrompu tentent de se réchauffer aux pâles lueurs de ce soleil éreinté. A partir de ce jour, elles se consolent du dégoût qu'elles inspirent en portant des diamants extravagants et des dentelles royales et en savourant des primeurs en janvier; les néophytes qui, perdus dans leur obscurité, jettent les yeux sur ces splendeurs éventées (simples bacheliers qui bégayent leurs vœux timides), voient leurs prières exaucées en raison de la loi des compensations d'Azaïs.

La sœur grise, en son pieux dévouement, ne déploie pas au chevet d'un malade plus de prévenances et de sollicitudes que ces guetteuses de testaments, elles redeviennent enfants pour sourire à ces septuagénaires mal conservés, elles les absorbent et les couvent, les détachant des leurs et veillant à la porte pour proscrire le fils et la fille, le gendre et le neveu; le saint ostensoir lui-même sera frappé par cette loi des suspects.

Elles sont toute leur famille et tout leur horizon, et quand le baromètre monte, elles les traînent au bois en partie fine, leur somptueuse calèche prend des airs de catafalque, et l'on voit passer dans les allées ombreuses ces barons Hulot (qui ont la vue basse et prennent des duègnes pour des jeunes premières) essayant de refleurir au pâle soleil d'avril.

Elles diffèrent des premières par l'ambition et par l'audace, et si elles ont vu en rêve des couronnes à neuf rangs de perles et des tortils de baronnes, elles n'osent point, comme elles, aspirer à les ceindre.

Quelques-unes de ces femmes ont du goût — on ne se frotte pas impunément aux arbitres de la forme et du bon ton — elles savent mêler l'utile à l'agréable, et comme elles pensent toujours, en ornant leur sanctuaire, au moment où l'expert en estimera les richesses, elles ont des idées arrêtées sur le choix des métaux. Moitié Tour de Nesle, moitié petite maison, leurs réduits conservent toujours un aspect discret et recueilli. Jamais la lumière n'y entre à pleins rayons, d'ingénieuses combinaisons qui font penser aux chambres noires des photographes et aux fallacieuses caresses du demi-jour des ateliers, leur permettent d'y paraître à leur avantage, et comme enveloppées d'une certaine poésie.

Leurs peignoirs sont miraculeux, et elles ont inventé une petite mantille qui, tout en cachant leurs têtes dépouillées, forme gorgerette et cache les modelés perfides du cou, cascades blanches et flasques qui font penser au Vitellius antique.

Le cabinet de toilette est un monde, c'est dans le secret de ce laboratoire qu'elles étudient les multiples artifices de la chimie; que de fioles, que de collyres, que d'onguents, que de poudres, toutes les eaux, moins celle de Jouvence!

Un autre jour, nous respirerons les senteurs des bois et les odeurs divines des prairies. — Tout cela est bien un peu écœurant, mais allons jusqu'au bout!

La troisième classe est la plus nombreuse, elle s'étend comme une tache d'huile sur le monde parisien, et l'envahit; elle se compose de volontaires qui avaient vingt ans en 1838. C'est la vraie vieille garde, les bourgeoises de l'amour, qui contrefont le pot-au-feu savoureux des familles.

Vous ne les confondrez sous aucun prétexte avec les sans-soucis ardentes au plaisir qu'on voit errer d'une table à l'autre, les cheveux pendants, à la Maison d'Or ou au Café Anglais, filles prodigues d'elles-mêmes, qui aiment à tous les râteliers, quand le râtelier leur plaît, et qui, vieilles à trente ans, disparaissent dans les bas fonds.

— *Mon bon monsieur, Dieu garde vos fils de mes filles!*

Ces filles-là forment un singulier monde qui n'est un danger pour personne : les jeunes gens lui donnent leur argent, jamais leur honneur ; il professe un certain fatalisme oriental, une insouciance de l'avenir qui n'est pas sans grâce, et l'or coule entre ses mains prodigues. Qui n'a vu quelqu'une d'elles, souvent bonne et sensible, prise d'une tristesse subite au milieu d'une orgie, et parler d'un foyer modeste et tranquille, d'un père en cheveux blancs, d'une tombe qu'elle n'ont pas visitée ; elles revoient les traines verdoyantes, le jardin ensoleillé où, au matin, elles couraient tête nue, les pieds dans la rosée, déchirant, les grands fils d'argent qui barraient les allées. Puis, tout d'un coup, elles se redressent, comme la Marco de

Musset, et s'écrient en vidant un verre : « Blaguons ! j'aime mieux ça ! »

Même à la fleur des ans, celle qui est prédestinée à faire partie du bataillon fardé sait modérer ses caprices et mettre un frein à ses désirs. Elle se garde de toute émotion, et comme elle compte avec les roses de son teint, elle compte avec les plis de sa robe.

Elle aime à heure fixe et dans des conditions hygiéniques, ne connaît ni les emportements ni les ardeurs de la pensée et ne permet à son vieux cœur que les pulsations légales. Elle ne fut jamais jeune et jamais inconsidérée, elle n'a été faible qu'une fois et le célèbre faux pas par lequel elle a débuté dans la vie a pour toujours cuirassé son cœur.

Apre à la curée, ferrée sur son Code civil, elle a un culte pour les obligations ; mais comme elle opère dans une sphère restreinte et contre des financiers modestes, elle n'arrive qu'au confortable auquel elle sacrifie tout. Elle a résolu le problème d'être joueuse en même temps qu'avare, et le lansquenet est désormais sa seule émotion, avec les primeurs. C'est la vieille garde qui a inventé le *besigue*, un jeu commun qui a conquis son droit de cité dans le monde bourgeois. Ces femmes se réunissent, s'observent, se redoutent et se dénigrent, mais elles se supportent parce que leur cercle est limité et qu'elles ont l'horreur absolue de la solitude. Elles vivent donc en association fraternelle, se donnent à dîner, soucieuses du confortable et inquiètes des plaisirs gastronomiques. A table, elles ne perdent pas un coup de dent, mais elles trouvent le temps d'insister sur le graveleux comme des vieillards qui n'ont plus que de littéraires plaisirs, elles ôtent volontiers une baleine au dessert et ont inventé la brassière; elles digèrent bien et aiment à digérer longuement.

On a remarqué qu'elles avaient toujours un notaire dans leur société — on ne sait pas ce qui peut arriver — et le plus laid des tabellions leur paraît le plus beau des hommes; elles contemplent avec un attendrissement mêlé de respect cet homme terne, à favoris plats, qui ronge un os de faisan, porte des cravates blanches et peut *régulariser les positions.*

Ces dames goûtent les livres amusants, raffolent du Palais-Royal et de Castellano et vont en parties fines dans les petits théâtres. On les croirait absorbées dans la cote et dans la digestion, mais elles sont très au courant des bruits mondains et savent le nom de toutes les lorettes à la mode, estiment les diamants avec un flair intelligent et parlent cette langue ondoyante qui fleurit au boulevard.

Elles se soignent sérieusement, ne veillent jamais et se dérobent vers minuit, quel que soit l'attrait des réunions; les jeunes femmes sont sévèrement proscrites de chez elles, elles font tapisserie chez les autres en épiloguant sur les lionnes du jour qu'elles trouvent mal fagotées, et qui, à leurs yeux, n'ont jamais que la beauté du diable. Elles voyagent peu, détestent la campagne, sont très-rangées, ne font jamais de dettes et professent le plus profond mépris pour les hommes pauvres et modestes, quels que soient leur mérite et leur valeur personnelle.

Presque toujours elles font à huis clos les délices de quelque homme sérieux qui aime les liaisons raisonnables, protecteur toujours invisible, le ON mystérieux de leurs récits. En dehors de ces épanchements à heure fixe, jamais de fantaisies, jamais d'aspirations, jamais de désirs. Gavarni a dit de ces dames, alors qu'elles étaient jeunes :

« *L'homme qui les rendra rêveuses pourra se vanter d'être un fameux lapin.* »

LA DAME AUX YEUX GRIS

LA DAME AUX YEUX GRIS

Elle est brune, de taille moyenne, élégante et fine, à la fois blanche et pâle, un peu élégiaque et sentimentale, — elle marche bien et on sent qu'elle est de race.

La main est parfaite, longue, effilée, psychique, les dents sont exquises, la bouche est un peu sèche et rebelle aux baisers. Le teint est mat avec une nuance rose-thé. Le front est pur et les sourcils, très-abondants, semblent dessinés au pinceau.

Les yeux sont célèbres, ils sont gris, et l'ombre portée par les paupières en adoucit l'éclat. En fixant longtemps ces yeux-là, on distingue sous le cristal des parcelles jaunes qui roulent comme des paillettes d'or au fond du Pactole. — C'est un méchant livre que nous lirons ensemble.

Les cheveux, qu'elle porte en bandeaux très-larges, ont le brillant particulier aux cheveux des Anglaises; ils ont des modelés noirs et des parties lumineuses, comme les oreilles des épagneuls bien coiffés.

Les épaules sont pleines, d'une belle courbe, la gorge est presque abondante, elle n'a point la sérénité inaccessible du Paros; c'est une gorge mortelle, elle peut s'émouvoir et elle s'émeut; elle n'appelle pourtant point le corset qu'elle n'a jamais subi — on s'en fait même un peu gloire.

La taille est ronde, souple, pleine, — cette taille-là m'inquiéterait si j'étais femme; — elle n'a que trente ans, et demain elle connaîtra la pléthore, malgré la pâleur de la joue qui proteste.

La Dame aux yeux gris vit beaucoup chez elle, et vous la rencontrez peu dans les salles les jours de première, aux courses, au lac, partout enfin où s'agite le monde parisien. L'Opéra ne lui convient pas, la salle est peu intime, et, si vous la voulez voir, vous entrerez aux Italiens.

Prenez vos jumelles et regardez-la, — son œil brille dans le demi-jour des loges comme le regard des félins luit dans la nuit ; sa tenue est modeste et digne, presque craintive, par moments elle se dérobe, se renverse un peu sur le dos du fauteuil, de telle sorte qu'elle est presque cachée par la saillie de la grande sirène d'or qui supporte les loges supérieures, — singulier hasard qui donne une allégorie transparente. Elle se meut lentement, lentement elle agite son éventail noir et semble bercer en des songes éternels ses loisirs olympiens.

— Avez-vous remarqué le singulier bracelet

qu'elle porte au bras gauche? C'est un florin entouré de brillants et monté sur un cercle d'or. La légende de ce bijou est innocente et ne mérite pas mon indiscrétion.

La Dame aux yeux gris lorgne machinalement, s'inquiète peu de la salle à laquelle elle tourne volontiers le dos, promène parfois son beau regard sur la foule comme si elle cherchait un cœur à dévorer mélancoliquement ; parfois aussi, elle passe la main sur ses yeux et semble sortir d'un songe.

Ce n'est point une biche légère, c'est un cygne avec des yeux d'Antilope; elle cache Impéria sous les traits d'Agnès, et ses camélias prennent des airs de fleurs d'oranger. Rien n'est perfide comme ces regards d'orpheline qui semblent aspirer à la léthargie du foyer domestique. J'ai froid dans le dos en pensant qu'on pourrait l'aimer aujourd'hui.

— Personne n'est à l'abri de cela, vous traversez

la rue, vous êtes mordu et vous décédez dans les plus atroces douleurs.

On rêve, en la voyant, aux joies calmes et aux sentiers bordés de mousse ; on voudrait renfermer sa vie dans son sanctuaire et respirer l'air qu'agite sa robe. — Le sanctuaire représente dix-huit mille francs de loyer, sans compter les communs, et la robe coûte soixante louis.

Elle doit posséder un charme secret que je n'ai pas deviné, tous ceux qui l'ont aimée — moins un qui la hait — l'aiment encore. On l'a connue douce, aimante, humble et résignée, aujourd'hui elle est impérieuse, sceptique et cruelle à la façon des créoles. On m'assure qu'elle a aimé, pleuré et souffert. Sentimentale et naïve, elle a écrit : « *J'ai bu sur tes lèvres la magie de l'amour.* » Elle n'est devenue une Dalila élégiaque qu'après avoir été Clarisse. — Je le veux bien, je n'étais pas là, et ce n'est point une raison suffisante pour me faire croire à la sensibilité de son âme.

Je ne souhaite point à mon ennemi le plus intime de devenir aujourd'hui sa proie. — Elle ferait les yeux doux à un mur et joue de la prunelle pour un acteur, c'est l'idée fixe de sa vie de vouloir qu'on souffre par elle, rien ne l'irrite plus que la simplicité et la quiétude de ceux qui l'entourent. Elle veut mener les cœurs en laisse, et se plaît surtout à semer chez ceux qui travaillent et qui pensent une fatale agitation.

Évangélique avec le premier venu, elle est atroce avec ceux qui l'aiment. Elle commence par fasciner sa victime pour arriver à l'égorger avec une grâce infinie. Ce n'est point un tigre qui écrase sa proie royale, c'est un chat gracieux qui joue avec elle, la rejette et la saisit, une colombe qui cache un oiseau de proie et module des roucoulements. Demain elle vous tiendra sanglant sous sa griffe ; en attendant, vous prenez innocemment des airs vainqueurs.

La Dame aux yeux gris, qu'on appelle souvent *la baronne*, est d'assez bonne naissance, — ceci n'est point un pléonasme, vous sentez bien qu'elle a pris le tortil pour corriger l'injustice du sort, qui l'aurait dû faire naître dans un milieu conforme à ses inspirations et à la finesse de ses attaches.

Elle a débuté sans pompe dans le monde où elle règne aujourd'hui, elle a conquis ses grades à la pointe de ses charmes, mais sans scandale, sans fracas, sans excentricité. — Aussi les femmes comme il faut se préoccupent-elles de cette reine du demi-monde, qui joint à une distinction réelle un côté littéraire qu'elles envient.

Elle a été à un artiste, à un prince de lettres, à un journaliste, à un dramaturge, à un musicien et à un grand de la terre, — mettez les noms, vous les savez. — Les potentats ne sont point son fait, malgré son amour des grandeurs, et l'esprit argent comptant la séduit, mais l'or des princes est si puissant ! Il faut bien vivre, les temps sont durs, et les ouvriers de la pensée — malgré ses droits — sont en baisse depuis quelque temps.

La Dame aux yeux gris a cinq chevaux dans ses écuries et un bel alezan qu'elle monte chaque matin, car elle est excellente écuyère. Elle se fait suivre d'un grand lévrier d'Écosse qui porte sur un collier d'argent le tortil de baronne et ses initiales.

Elle a maison à Paris et petite maison au faubourg, sans compter son chalet sur le bord de la mer et le château de ses pères qu'elle a acheté l'an dernier, avec de beaux ancêtres de Largilière, — à l'usage des étrangers.

La pièce remarquable de son hôtel de Paris, c'est la bibliothèque qui nous révèle ses goûts ; elle est en ébène avec filets d'or, les reliures sortent de chez Capé et Bauzonnet, et les livres sont choisis pour la galerie. Les philosophes y sont en honneur depuis Pascal et Kant jusqu'à Joubert. C'est sur une petite table en ébène incrustée de citronnier (je descends aux détails pour les habitués de la maison) qu'elle griffonne ses billets du matin ; elle écrit moins depuis quelques années, c'était une rage, un délire ; elle prétend aujourd'hui qu'on ne la *repincera* plus à laisser traîner des autographes : « J'ai mis sur tes lèvres la magie de l'amour » comme Atala.

La dame, en peinture, apprécie les modernes depuis Corot jusqu'à Delacroix, un beau panneau de la bibliothèque leur est réservé, un grand buste en bronze florentin se dresse sur le corps de la bibliothèque, entre deux beaux étrusques. — Ce n'est pas le buste de Socrate.

La Dame aux yeux gris se tient beaucoup dans cette pièce austère, et c'est encore la peindre que de dire qu'elle s'intéresse aux belles éditions, aux Aldes, aux majuscules allemandes, aux petits fers, aux grandes marges, au *Pastissier François*, à Scheuring et à Aubry. — Fontaine lui porte les raretés et lui réserve les Elzevirs.

La maison des champs est un rêvoir original, pavillon turc ou fondouck persan ; elle est cachée dans les arbres comme un nid dans un buisson. La baronne a l'amour des emblèmes ; sa girouette portait une plume au vent, — girouette et plume ! Ce n'est pas aimable pour celui qu'elle appelle le *Tombeau des secrets*, et les éléments ont fait justice de ce symbole qui désormais a disparu.

La baronne a un salon ; elle a longtemps rêvé d'être la Récamier de ce temps-ci. On compte parmi ses assidus deux académiciens raffinés, quelques journalistes, des dignitaires, un banquier, un agent de change et une dizaine de flâneurs qui ont un nom ou une fortune. Les femmes sont proscrites, hors deux inséparables d'un *certain âge* (elles tombent en loques) !

On dîne le mardi, la table est sensuelle, la soirée se passe à jouer aux jeux innocents. La dame adore les bouts rimés qu'elle fait avec esprit et dextérité ; mais elle a surtout un faible pour les petits papiers.

— On risque la pointe égrillarde et la réponse scabreuse. — C'est très-gentil.

Comment prouveriez-vous votre amour à celle que vous aimez? — Vous entendez d'ici la réponse. Et on rit jusqu'à trois heures du matin dans une grande intimité, une douzaine au plus. Pendant ce temps-là les hommes graves arrivent et on mêle à tout cela les immortels principes de 89. — Le libéralisme est le ton de la maison.

Je ne pense point de bien de la Dame aux yeux gris, et pourtant autour de moi tout le monde l'aime. — C'est une charmeuse et je sais son secret. *Elle sait écouter* les hommes, sourire au bon moment ou secouer la tête en signe d'assentiment. Elle prête une attention soutenue à un général qui lui décrit un système de canons se chargeant par la culasse, et ne recule pas devant des confidences économico-politiques. Elle ramasse un bon mot qu'on laisse tomber, l'encadre, l'enchâsse et sait en faire les honneurs. Elle est toute intuition, s'assimile promptement les choses, parle peu, lit beaucoup et n'affiche point de futiles dehors. Il y a en elle du diplomate et de la bourgeoise, et cette Egérie, qui panse les cœurs ulcérés, ferait des confitures pour les hommes d'État, si cet article n'était déconsidéré.

C'est la Vierge au pot au feu — mais le pot est étrusque — et ceux qui me comprennent à demi-mot verront des armes parlantes dans ce vase de Callisthène, acheté dans une succursale de Pompéi par une des plus jolies femmes de Paris.

LA REINE DES TOQUÉES

LA REINE DES TOQUÉES

Si vous reconnaissez en la voyant passer ici celle que vais tenter de peindre, soyez plus discrets qu'elle-même et dites que ce portrait est une pure fantaisie. Bien des fois déjà vous avez discrètement détourné les yeux en la voyant venir de loin, par une belle gelée, ses tirets relevés à souhaits pour le plaisir des yeux, vêtue d'étoffes neutres, le voile baissé, rapide, légère, animée d'une seule pensée, caressant une chimère très comme il faut —

lieutenant aux guides, jeune conseiller d'Etat ou diplomate étranger — suivant la saison.

C'est la Vénus fantaisiste qui croit à l'affinité des deux épidermes et aime les Adonis à la condition qu'ils se déguisent quelquefois en hercule. Elle verse une liqueur ambrée, petit léthé qui fait oublier pour une heure, et ne croit pas à l'ivresse féconde qui dispense le souvenir au lieu d'engendrer l'oubli.

C'est une nuance du demi-monde, elle ne met qu'un pied dans l'île déserte où se sont réfugiées celles qui, après avoir appelé un malheur ce qui est un crime, se sont invitées à dîner quand elles ont été trois et ont fait un quadrille quand elles se sont vues quatre.

L'histoire de la vie de la Reine des Toquées, modeste et honorée dans un quartier de Paris et fantaisiste effrénée dans l'autre est un secret aussi profond que celui de Polichinelle. Chacun de ses amis l'a écouté avec émotion et discrètement enfoui au fond de son souvenir — quoiqu'il eût la certitude d'être le cent-unième confident; mais la franc-maçonnerie du monde parisien n'admet pas de profanes, et cette indiscrétion littéraire elle-même ne saurait impliquer un danger pour le modèle.

L'accusée a vingt-huit ans, taille moyenne, cheveux châtain-clair, front un peu bas, yeux bleus constamment cerclés d'un ton brun, nez régulier; les narines s'enflent et se colorent en rose quand elle respire des violettes ou caresse un désir; dents parfaites, la taille absolument ronde, le sein placé un peu trop bas, comme chez les femmes de qualité, — la jambe est étonnante.

Elle parle de la plastique personnelle comme un maquignon parle de la construction d'un cheval de race, et la païenne a laissé faire par un artiste célèbre un dessin à la sanguine dans la pose d'Andromède; la tête est cachée par le mouvement du bras, mais elle serait capable de dévoiler l'incognito du modèle tant vanté si on émettait un doute sur la perfection de ses formes.

Un vieillard, qui fut l'ami de son père, assure qu'elle a eu en partage toutes les vertus domestiques; on l'a connue réservée, pudique, chaste, esclave du foyer; acceptant les joies et les douleurs de la vie et luttant sans se décourager ; mais elle est si désordonnée qu'elle a un à un perdu tous ses trésors. Je vois cela d'ici, elle a besoin de sa pudeur. *Tiens, où est donc ma pudeur ? je voulais la mettre, je suis pourtant sûre qu'elle était là, je trouve bien ma charité, mais ce n'est pas cela :* et la voilà qui remet sa charité dans le fond du tiroir en disant : *Bah! pour une fois.*

Les initiés savent que Mignonne (parfois encore on l'appelle ainsi) est née dans un vrai manoir, sa mère était une sainte et son père un élégant mauvais sujet qui confondait dans la même estime les femmes de chambre et les marquises. On la marie à la diable une fois sa mère morte, et comme le fiancé est un assez beau cavalier, elle se précipite sur cet amour légal avec une ardeur qui fait dire au vieux gentilhomme : « Elle va bien, la petite ! »

Deux ans après, Mignonne savait l'art de descendre par les escaliers de service, d'apparaître en déshabillé, calme et souriante comme si elle n'avait pas quitté sa chambre, quand, haletante et comme enivrée, elle venait de traverser tout Paris dans un fiacre borgne pour porter du bonheur à domicile au plus tendre des amants.

Un jour il y eut un éclat, c'est banal, — on vient de se voir il faut encore s'écrire — c'est bête comme tout, mais qu'est-ce vous voulez? Au fond c'est charmant et les hommes s'y laissent toujours prendre.

Un jour donc elle sortait en américaine avec son mari qui alignait les rênes pendant qu'elle s'installait avec toutes sortes de minauderies, quand le concierge, une brute qui adorait madame pourtant, remit deux lettres à monsieur qui les glissa négligemment dans sa poche, donna un appel et fouetta les chevaux. Mignonne eut un soupçon, la promenade fut maussade. A la rentrée, monsieur sonna son valet de chambre, madame sonna sa soubrette qui descendit s'assurer des adresses. Un instant après le mari entra, il était pâle et parfaitement calme et, avec une politesse exquise, pria sa femme de lui donner des explications sur une lettre qu'il lui remit.

Madame ne se troubla point, lut sans sourciller — c'était toujours cela de pris — et se dirigeant vers un élégant petit meuble lui présenta une liasse serrée par une faveur bleue en lui disant avec des airs de Lucrèce : « Si chaque fois qu'un imprudent ou un écervelé m'a poursuivie de ses épîtres, j'avais dû vous faire le confident de ces sottises, où en serait notre bonheur, mon ami ! » Pendant ce temps-là, en femme prudente, elle anéantissait le corps du délit. « Mon ami » n'était pas tendre, — les maris ne font pas toujours rire, — il eut le soin de rencontrer son rival à Saint-Mandé entre cinq et sept heures du matin et lui envoya un joli coup d'épée, juste deux pouces au-dessous du poumon gauche, pas une goutte de sang, un trou imperceptible légèrement liseré de rouge.

Mais là n'est pas la question, passons vite. Lindor eut le temps de réfléchir, le mari fit ses malles, écrivit plusieurs lettres et disparut. Mignonne devint veuve aux yeux du monde et son entourage ne voulut plus la voir. Elle s'enferma dans sa douleur, feignit le désespoir quand elle s'étonnait de ne ressentir aucune émotion et se sauva par la charité. On ne se doute pas des concessions qu'on fait à une très-jolie femme et jamais Mignonne n'a refusé de forcer la nuance du sourire en faveur de la veuve et de l'orphelin, les jours de vente de bienfaisance. Elle fut de toutes les associations, et devint la providence des secrétaires-trésoriers.

C'est de ce moment que date son avénement dans a politique et son influence un peu partout; elle tomba dans le domaine privé. — On la vit tous les jours, à toute heure, dans les couloirs et dans les antichambres des ministères, les chefs de division l'appelaient « Belle Dame, » les jeunes attachés, au bruit charmant que produisait sa robe de soie frôlant les murs, disaient entre eux : « Voilà la Reine des Toquées. »

Elle jouit aujourd'hui d'une influence réelle, jamais homme politique n'a plus consciencieusement suivi le *Moniteur*. Elle est ferrée sur l'Almanach officiel et n'a jamais confondu un chambellan avec un écuyer, ni un consul avec un secrétaire de légation; elle est la Providence des garçons de bureau, elle sourit aux sous-préfets : elle déploie à ce métier désintéressé des qualités merveilleuses.

Bouillante, active, rapide, robuste comme un porte-faix sous sa frêle enveloppe, elle mange comme un collégien en sortie, gravit les quatre étages, sonne à tour de bras, attend à peine qu'on lui réponde et repart en consultant son carnet. C'est la femme la plus occupée de Paris, elle visite les gens et les quartiers les plus hétérogènes : à midi son notaire, à une heure son amant, à deux heures un vicaire, un secrétaire général, un atelier ou une mansarde : et au milieu de tout ce bruit, ce gâchis, ce mouvement, des envies de femme grosse qu'elle réalise invinciblement et des fantaisies volcaniques.

Sa conversation. Quel kaléidoscope ! Je vous jure que c'est à mourir de rire. Elle entre. Paf ! Son cœur ulcéré, sa migraine, la neuvaine de Saint-Cloud, le mal qu'on a dans ce bas monde à trouver une femme de chambre qui ne lise pas les lettres, une jolie guipure qu'elle vient de voir rue de la Paix, un monsieur très comme il faut qui l'a suivie jusqu'à la porte, les ceintures bébés, l'eau de Lubin et le consulat de Smyrne vacant, et patati et patata ! Quel travail, c'est à donner le vertige au plus robuste ; mais comme cette jeunesse, cette verdeur éclairent un entresol, quand, en garçon, et honni soit qui mal y pense ! elle honore un ami d'une visite.

La Reine des Toquées a pour ennemie personnelle une grande dame dont elle a été la rivale et qui, pendant plus d'une année, a acheté les valets de pied et les cochers de son amant pour savoir à quoi s'en tenir sur la fidélité du préféré. Les rendez-vous avaient lieu dans des jardins historiques et si le soin de sa réputation ne l'eût retenue au rivage, elle eût accepté la lutte contre la Reine des Toquées qui rebondit contre les obstacles au lieu de s'y briser. Trois mois après la rupture, le galant, *la Clé des cœurs*, envoyait encore chaque jour chez la belle intrigante un coupé de service et un valet de pied portant deux petits havanes que cette dame aimait à caresser.

Vous sentez bien qu'un tel modèle ne pose pas. J'entasse donc ici sans ordre les traits qui la peuvent peindre.

Section du cœur. — Un désintéressement à toute épreuve et une puissance d'imagination inaltérable. Elle s'empare du sujet, le développe, c'est un canevas sur lequel elle brode, et comme les Italiennes elle pare la madone, de sorte que l'heureux mortel qu'elle choisit (sans qu'il s'en doute parfois) n'a nul besoin de faire des frais; on n'est pas moins exigeante. Elle refleurit à peu près chaque saison, et les huit premiers jours pendant lesquels elle appartient à Vénus, elle a des mélancolies et des renoncements à faire croire qu'elle va se cloîtrer à tout jamais dans ce nouvel amour. Un mois après, il n'est absolument plus question du bien-aimé qui, s'il est spirituel, passe ami, en homme qui sait que l'amitié a ses jours d'épanchement — quand il va faire de l'orage.

Elle a des instinct de grande dame et des aspirations de fille ; tout cela se mêle et se confond, et comme elle a l'amour bon enfant, elle mange des matelottes sous les tonnelles avec un artiste, au mois de mai, et soupe en tête-à-tête en décembre avec un prince.

C'est Clarisse Harlowe, Messaline, Célimène et Mme Bovary — moins le poison de la fin. — Pas si bête ! — Des fraîcheurs de myosotis et des aspirations vers Caprée, des pudeurs indicibles, des indifférences de néant et des spontanéités sublimes. Elle sort à six heures en hiver pour trouver des violettes pour son amant le jour de sa fête, et le soir du même jour, dans une avant-scène, elle fait des confidences à l'oreille d'une amie au sujet du maillot d'un loustic rasé.

Ondoyante et diverse — *semper virens* — mélancolique comme une Allemande, vive comme une Française, corrompue comme une Russe et religieuse comme une Italienne, elle est criblée de médailles, de chapelets et de scapulaires qu'elle n'ôte jamais — même dans les circonstances graves. Elle veut du romanesque en amour, et l'année où elle habitait Chatou... — (ce choix constituait une imprudence et une bravade) — son bien-aimé, qui connaissait le cœur humain, traversait la rivière à la nage pour la rejoindre, ce qui n'a rien à voir avec l'esprit pratique du siècle. Léandre nageait comme un terre-neuve, il abordait et trouvait un peignoir et des péplums; bientôt Héro venait discrètement frapper à la porte de la tour... On pouvait toujours entrer... Raffinés, va!

Elle a besoin de discrétion et celle des hommes l'irrite, comme si l'absence de publicité excluait la vanité qu'on doit ressentir de cette conquête; aussi, par une inconséquence incompréhensible, elle porte des voiles bruns très-épais et laisse stationner pendant trois heures son coupé et sa livrée bien connus à la porte de son amant.

Elle déroute les théories et je n'ai de conseils à donner à personne; si je connaissais la recette, je commencerais par en user : il s'agit de se trouver sous l'arbre au moment où ce joli fruit tombe.

L'IMPORTANT.

L'IMPORTANT

Tout le monde connaît *Monval*; il dîne avec les artistes, inaugure les chemins de fer, lance les vaisseaux, bénit les temples, pose les premières pierres, enterre les grands hommes, conduit les comédiens à leur dernière demeure, et protége les Polonais à l'hôtel Lambert.

Il a connu le grand peintre dont on glorifie la mémoire; il s'intéresse au développement de ces voies rapides qui apportent l'abondance et la civilisation.

Plein de dignité et d'un noble maintien, *Monval* est gourmé, sérieux, solennel, diplomatique et presque mystérieux. Il compose sa tête comme un comédien fait sa figure, et sa face révèle indifféremment le docteur, le magistrat ou le diplomate. Il ne quitte point la cravate blanche et s'habille tout de noir. Il marche avec raideur, et quand il vous aborde et vous donne la main, il semble qu'il vous fasse un cadeau précieux.

N'allez pas au moins lui demander franchement son sentiment sur les faits et les hommes! — Il est énigmatique et procède par insinuations. — Ce n'est point une chose légère que l'opinion de *Monval*. Nous avons des ménagements à garder, et trop souvent on a vu la foule étayer son opinion d'un jugement prématurément formulé. Aussi flotte-t-il dans une esthétique à la fois nébuleuse et lapalisséenne.

Monval est le provéditeur de la morale publique, et il regarde toute atteinte aux principes comme une personnalité; l'apparition d'un livre impie l'a attristé singulièrement, et c'est le cœur navré qu'il assiste à la décomposition du corps social.

Rien n'est indifférent ici-bas pour l'homme sérieux, et l'*Important* vaque à ses plaisirs comme à un sacerdoce. Il a sa stalle à l'Académie, connaît le récipiendaire, et appuie d'un geste et d'un mot d'assentiment chaque phrase et chaque période. Il montre à son voisin, qui ne lui demande rien, et M. Viennet, et M. Sainte-Beuve, et M. Thiers, et M. de Broglie, sourit à la tribune des dames et salue M. Pinghard. Il a le don d'ubiquité; il est au Conservatoire, où il bat la mesure à contre-temps en se pâmant, et vous pousse le bras quand éclate le finale. Vous l'avez vu fermer les yeux pour ne se point laisser aller à des profanes distractions; vous l'avez entendu, en son ravissement extatique, murmurer des mots entrecoupés... Divin !... Immortel !...

Les soirs de première représentation, — il dit « solennités dramatiques, » — il dîne vite et mal, plus inquiet et plus agité que l'auteur et le directeur. Vous le rencontrez très-affairé, entre le faubourg et la Chaussée-d'Antin ; il sonde les groupes et tâte le pouls à l'opinion publique, salue par-ci, interpelle par-là. Allez-vous *là-bas?* — *Là-bas,* c'est l'église, le théâtre, le cimetière ou l'Académie, selon la circonstance. — *Là-bas !* voilà son éternelle préoccupation.

L'*Important* étale au balcon des cravates immaculées et de chastes gants blancs ; il s'installe à l'aise, après avoir demandé à Mme Legros, l'ouvreuse, des nouvelles de mademoiselle sa fille, qui va débuter ; et Mme Legros trouve que *Monval* est « bien comme il faut. » Ne parlez point, il vous rappellera à l'ordre ; ne riez pas, ne portez point de jugement, car l'auteur, *Théodore Barrière* est de ses amis : il a flagellé ces femmes impures qui vendent le doux nom d'amour; et, d'un trait acéré, transpercé les ridicules de son siècle.

Ce n'est plus un spectateur, c'est un augure, c'est un aruspice, c'est un aréopage, et ses décisions tombent lentement de sa bouche. — *Très-bien!* — *Bonnes tendances!* — Ou bien : — *Que nous restera-t-il, si nous souillons cette source pure qu'on appelle l'antiquité!* — Aux Italiens, il s'écrie tout haut, comme les purs Romains, avec une conviction comique... *Bene!* — Notez qu'il ne parle pas un mot de la langue du *si*.

Monval tire des œuvres les plus naïves des déductions pleines d'inattendu pour l'auteur lui-même, qui ne se croyait pas si profond. Et s'il vous échappe de dire naïvement que *Gonzalez à Talavera* ne mérite pas l'engouement de la foule, il vous déclare un ennemi public, un envieux et un jaloux, et vous avez l'âme bien noire.

Tout est du domaine de l'*Important;* comme il

assiste aux répétitions générales et hante les coulisses, il visite aussi les artistes et se tient au courant des productions artistiques. — Ce n'est point chez lui propensions ni delettantisme, c'est un état et un parti pris.

Il entre chez les artistes en les appelant : *Cher maître* et leur demande s'ils ont « quelque nouvelle page sur le chantier. » Comme ces sortes de gens sont des trompettes, que le vulgaire redit volontiers leur phrase favorite et modèle son opinion sur celle qu'ils se forment à la bonne source, la toile verte qui recouvre l'œuvre à peine terminée tombe pour eux, et les artistes souffrent qu'ils les troublent et les persécutent jusqu'en leurs sanctuaires. — Voilà l'*Important* dûment installé dans un fauteuil, il reste plongé dans une méditation contemplative et garde longtemps le silence, ses yeux errent sur toutes les parties du tableau, il devient tour à tour sombre, rêveur, triste ou gai. — Il parle enfin : — « Vous avez bien rendu la grandeur sauvage de ce pays. » Et le voilà qui patauge dans les empâtements, les glacis, les tons fins, les modelés, il va mettre en œuvre tout le vocabulaire de la peinture. Il vous supplie, au nom de vos intérêts les plus chers, de ne point gaspiller votre génie à des œuvres de chevalet et de monter sur les grandes cimes. Sa conversation hachée, coupée, indécise — il ne faut pas se compromettre — se compose de clichés usés; mais *Monval* fait souche, et vous voilà bien étonné d'entendre toute une génération de jeunes importants qui seront des *Monval* un jour, parler de cette « grandeur sauvage » qui est bien rendue.

L'*Important* a charge d'âmes et défend la morale outragée, il est le palladium des gloires de la France, grand enfonceur de portes ouvertes, il venge ceux qu'on ne songe point à attaquer et se baisse pour relever des statues que personne n'a songé à renverser. Il se fait l'apôtre des idées acceptées depuis longtemps, reçoit modestement des compliments à propos de *Roland* ou de l'*Œdipe*, comme si le succès des auteurs était le sien propre, et ceux-là même qui sont les plus persuadés de son inanité et de sa sottise finissent par lui demander son opinion, lui confient leurs intérêts, et le supplient, au nom d'une corporation, de prononcer un discours sur une tombe qui se ferme. A l'entendre, il fut l'ami du défunt qui lui dut ses meilleures inspirations, pendant dix ans il a reçu ses confidences et partagé sa mauvaise fortune. Je n'ai pas besoin de vous dire qu'il n'a fait que coudoyer le défunt dans un salon.

On accepte ses arrêts. — Que dis-je? on les réclame. — Et, s'il est absent, on s'inquiète de lui et la fête n'est pas complète. *Monval* est partout chez lui, quel que soit le milieu social où il se trouve; et ne croyez pas qu'il soit là en homme que l'on supporte, mais comme un de ceux dont le droit est indiscutable. Et si, modeste ou peu friand de réunions mondaines, vous venez par hasard y occuper une place légitime, l'*Important* vous demande, avec étonnement, ce que vous venez faire en ces lieux. — Cette naïve audace vous désarme, et pour un peu vous lui feriez des excuses.

Monval est inscrit partout et partout accueilli; qui donc songerait à discuter son droit? Les puissances hiérarchiques et les garçons de bureaux lui sourient et vont presque jusqu'à le flatter; c'est une influence et on ne saurait battre en brèche ces mystérieuses puissances, d'autant plus fortes qu'on ne sait où trouver les bases pour les saper.

Parfois, un homme du monde, qui vit en dehors de toute coterie, venant prendre place à l'une de ces réunions où chaque nom est illustre où célèbre, se fait nommer chacun de ceux qui la composent: le nom de l'*Important* vient le premier sur les lèvres du cicerone, car **Monval** s'agite et se fait remarquer. Le nouveau venu s'étonne de ne point le connaître.

Est-ce un politique distingué? — Non, sans doute. — Un artiste de talent? — Pas davantage. — C'est donc un des grands noms de l'aristocratie? — Sa naissance est, au contraire, assez vulgaire. — Ah! je le vois, c'est un dilettante qui ne sait point formuler sa pensée, mais dont le jugement est sûr et les connaissances profondes. — Mais, pas le moins du monde, et je vous dirai même, entre nous, que je le crois vide et ignorant. — Mais alors?.... — Que voulez-vous que je vous dise? Vous m'embarrassez fort... C'est *Monval*, tout Paris le connaît et on le voit partout.

Singulière puissance de la tenue, privilége de la sottise audacieuse qui, dans une société d'élite, arrive à se constituer en aréogage et à avoir le pas sur les hommes d'esprit et de savoir, qui renoncent à la lutte et laissent s'établir une déplorable confusion.

PLAISIR DES CHAMPS

PLAISIR DES CHAMPS

Le soleil s'est couché dans la pourpre et l'or, déjà la lune monte à travers le feuillage ; la nuit va venir.

Les divines odeurs des foins se mêlent aux bruits de la nature qui se perçoivent dans le calme et le silence. Un vent frais bruit dans les arbres, les chiens aboient au loin dans la plaine et des lumières éparses scintillent dans les massifs des coteaux comme des lucioles cachées dans l'herbe,

Les rives sont animées; des ombres blanches, appuyées sur les troncs des saules, respirent l'air frais du soir, les canots glissent doucement; les amoureux se laissent aller à la dérive en parlant à voix basse, ils se penchent pour s'embrasser et s'enlacent dans de douces attitudes, comme des ombres heureuses.

Au détour du fleuve, une rouge lumière s'avance rapidement avec un bruit sourd et cadencé; elle chasse devant elle les petites barques qui serrent la rive comme des cygnes effarouchés.

La lune monte encore, et les canots passent dans un rayon qui couvre d'une pâle lueur les rameurs penchés, au bord des berges, silhouettes étranges, les pêcheurs tendent mystérieusement leurs filets. Au loin, par delà les ponts, des canotiers attardés chantent en chœur et s'appellent d'une rive à l'autre rive. Dans l'île sombre, le passeur éteint sa lumière, tout se tait. — Salut, Diane au front virginal! salut, belle nuit.

Elles viennent des quatre coins de l'horizon en suivant les berges mouillées par la rosée. Haletantes, elles vont à leur œuvre sans nom, et se dirigent vers un point lumineux au pied du coteau. Comme des phalènes attirés par la lueur d'une lampe, elles accourent au rendez-vous nocturne.

Les brises du soir ne rafraichissent pas leur front, elles n'entendent pas la note persistante du grillon, et n'envient pas les amoureux qui passent enlacés; elles avancent rapides; déjà elles ne sont plus qu'une silhouette sombre; elles frappent à la *Tour de Nesle*.

C'est là que la table est dressée, le sabbat commence, la cagnotte est le trépied, le tapis vert est l'autel. Elles sont parées comme pour une fête et étalent aux vives lumières leurs faces plâtrées et leurs maigres appas. Pâles sous leur fard, les vieilles filles de joie jettent un coup d'œil au miroir et essayent leurs grimaçants sourires. Egarées parmi ces mégères bien rentées, quelques belles jeunes filles pâles et graves, aux yeux battus par les veilles, blanches et impassibles au milieu de ces harpies, promènent sur ces décrépitudes qui leur font horreur un froid visage que n'agite plus qu'un seul désir.

Elles sont seules; les hommes pourraient se laisser distraire par la vue de ces filles pâles; tout est prêt; on remue l'or et les yeux s'allument. Celle-ci a rêvé *neuf*, celle-là, en criant : *banco !* touche convulsivement le fétiche auquel elle a foi, une turquoise, une monnaie percée ou la corde d'un pendu. Et elles jouent fiévreuses et graves, sans entrain, sans gaieté, sans sourires. Elles gagnent, et leurs mains osseuses s'allongent avec précipitation sur le tapis, comme si leur proie leur devait échapper; elles perdent, et gémissent bassement en accusant le sort. Celle que la fortune touche de sa baguette devient un ennemi public. Aucun transport, aucune joie, rien que le désir, l'avarice hideuse et la honteuse jalousie.

Et elles jouent sans cesse, sans repos ni trêve, pendant que la lune ouvre dans l'onde son éventail d'argent. Les papillons et les oiseaux nocturnes viennent frapper de l'aile les vitres éclatantes. Elles jouent encore, elles jouent toujours.

Bientôt, des bandes d'un rose pâle colorent l'horizon, une lumière froide et grise traverse les épais rideaux et vient éclairer d'un jour implacable ces faces flétries, ces joues hâves et décharnées. Le fard tombe, le teint devient bleuâtre, les cheveux se déroulent, une sueur froide et fétide ruisselle le long de ces visages plâtrés. Les sourcils d'emprunt perdent leur couleur; vertes comme l'herbe, jaunes comme des pestiférées, tatouées d'impudiques rougeurs, hideuses comme le vice, elles apparaissent dans leur affreuse décrépitude.

Les plus fortunées jettent sur la pendule des regards inquiets; celles que le sort poursuit murmurent comme Juliette, en voyant venir le jour :
« Non, c'est le rossignol et non pas l'alouette. »

Puis, des voix aiguës s'élèvent, on se dispute avec acharnement quelques maigres louis, la bête se vautre, l'invective et l'injure à la bouche. Les harpies sont hideuses.

Les chevaux surpris par l'air froid du matin piaffent à la porte de la villa et hennissent en secouant leurs membres engourdis. Dans l'antichambre, les valets de pied s'appuient aux angles des murs ou s'endorment sur les banquettes en maudissant les joueuses.

Elles regagnent leur lac Stymphale en rasant les murs ou se cachent dans le fond de leurs coupés sombres comme des oiseaux de nuit qui fuient devant le jour. Un paysan longe la rive un hoyau sur l'épaule, une fillette passe en chantant.

Elles ferment les volets de leur chambre sans jeter un regard à la vallée baignée dans la brume, aux horizons éclairés d'exquises lueurs, sans voir à leurs pieds les liserons qui s'ouvrent aux premiers rayons du jour, sans respirer l'odeur de la glycine qui grimpe autour de leur fenêtre.

Agitées comme Macbeth, elles errent pieds nus, un bougeoir à la main, et comptent à sa pâle lueur les louis qu'elles ont gagnés. Avant de dormir leur lourd sommeil, elles arrêtent l'horloge dont le bruit régulier et le timbre d'or troubleraient leur honteux repos et leur parlerait du jour.

———

Au dehors tout éclate et tout chante, la rivière couverte d'une brume légère serpente en saluant son cortége de peupliers; les pêcheurs lèvent leurs filets, les oiseaux gazouillent, les grands bœufs viennent à l'abreuvoir et tendent vers l'horizon leurs naseaux rosés d'où pendent des fils d'argent. Tout sourit et tout est prospère, tout est lumière, tout est parfum : c'est le jour. — Salut, douce étoile du matin!

LES AGITÉS

LES AGITÉS

J'entends, par agités, ces hommes fiévreux, inquiets, nerveux, préoccupés, qui refusent à leur esprit tout confortable et tout repos : caractères aigris sans raison, cerveaux malsains qui ne peuvent penser pour eux ; êtres errants qui ne sauraient s'asseoir dans la vie ; que l'espoir de je ne sais quelle jouissance qui n'est pas celle qu'ils viennent de goûter pousse à tourner sans cesse dans un cercle mille fois exploré.

Quelques-uns sont honnêtes et inoffensifs, mais ils maigrissent de l'embonpoint d'autrui et n'ont jamais pu s'intéresser à tout ce qui ne vient pas d'eux, encore que ce soit œuvre attachante et louable.

Ils traversent la vie courant sans cesse d'un pôle à l'autre pôle à la recherche d'une fausse renommée, la vue d'un chiffon de moire rouge leur donne le vertige et leur cause des fascinations étranges.

Quelques Agités, intrigants et d'une nullité notoire, *arrivés* ou près de l'être, doivent être démasqués et bernés. D'autres, qu'on ne doit pas confondre avec les premiers, encore qu'ils aient la même allure, ont mal à l'imagination, et ne pèchent que par amour-propre et par égoïsme. Ils ont soif de grandeurs et de distinctions, le respect humain est leur loi, l'opinion publique est leur guide.

Honorables, distingués, pleins de talents et d'avenir, ils ne recueillent point les fruits qu'ils ont semés d'une main trop fiévreuse; il faut les plaindre, le mal dont ils souffrent est la vraie maladie du siècle, celle qui engendre les livres écrits trop vite, les lâches concessions au goût vulgaire, dans l'espoir de plaire au public, les tableaux-Armstrong et les systèmes mal digérés.

Paris est le préau de ces Agités, le boulevard est leur patrie, la nostalgie s'empare d'eux quand ils perdent de vue le fronton de la Madeleine. Vous les voyez passer et repasser sur l'asphalte, ne croyez pas qu'ils se promènent, la promenade est un repos, et l'Agité ne saurait se reposer.

Mouche-Ducoche est le roi des agités vulgaires; sans talent, sans esprit, il bourdonne autour du char de l'État, sans même comprendre ce qui entrave sa marche, gênant les mouvements et les évolutions, il finit par avoir un pied dans chaque affaire, fait des rapports qu'on n'a jamais songé à lui demander, et se croit chargé de je ne sais quelle mission ; ne le dérangez point, et passez discrètement, il étudie la physionomie des foules.

C'est dans le mouvement mondain qu'il tient une brillante place, il trône, il règne, il gouverne, et les gens les moins préoccupés du voisin finissent par vous demander à l'oreille le nom de cet important.

Possédant à fond la théorie du coupé, on le voit à toute heure du jour dans tous les quartiers de la ville, il court de ministère en ministère ; on le voit au bois, aux concerts, aux répétitions : il déjeune chez Riche et dîne chez Bignon, moins inquiet de ce qu'il mange que de l'idée d'être vu dans ces restaurants confortables. Le soir, *il fait* les théâtres en une heure et pourrait facilement invoquer un alibi ; il salue tout le monde familièrement, et n'est dans l'intimité de personne.

Regardez-le, debout à l'entrée du couloir des premières loges; il a vu en un instant toute la salle, et toute la salle l'a vu; il a plongé ses regards dans les baignoires les plus obscures et adressé un sourire discret à des couples qui ne lui en demandaient pas tant. Il n'a jamais entendu *Guillaume Tell* tout entier et ne connaît absolument que le titre des pièces qu'il a vu jouer cent fois. Juif errant en gants blancs, on le voit sur la scène, dans les loges, dans les foyers de théâtre et dans les cercles; il soigne les auteurs dramatiques qu'il appelle « mon petit, » et les mères d'actrices disent de lui : « C'est un charmant garçon. »

Mouche-Ducoche parle, en un instant il dit la cour et la ville, le trône et l'autel, les nouvelles et les scandales, les joies et les pleurs, le lion du jour et le vaincu de la veille; comment cette pièce est tombée, comment *nous* avons soutenu l'autre; le ballet nouveau, les jambes de Fiocre et les diamants d'une diva, le club des Babys et le mariage d'un ténor, la disgrâce d'une maîtresse, le Corps législatif et le Sénat, le Mobilier et le Saragosse, l'*Africaine* et *Roland à Roncevaux*. Et l'on pense à ceux qui ont fait de lui leur ami, aux dures souffrances qu'ils doivent éprouver en restant sans cesse à portée de ce sifflet. Mais la distraction est un puissant recours contre un voisinage aussi écœurant, et je sais des hommes d'une réelle importance auxquels le spectacle de cette vaine et constante agitation ne donne pas le mal de mer.

Il fait partie de je ne sais quel pouvoir mystérieux, imaginaire, impalpable, dont il se croit ministre, et dit volontiers : *Nous!*

Entre autres traits caractéristiques, il fait des concessions à la chronologie et porte de rudes atteintes aux sciences exactes. Si on parle de la Malibran, il se vieillit pour faire croire qu'il l'a connue et traitée, s'il est question d'une danseuse à la fleur des ans, il fait partie des jeunes fous qu'elle distingue.

Pénétrons dans sa vie intime ; — doué d'un physique convenable et d'une certaine tenue, il ne recherche pourtant pas les femmes, sollicité qu'il est par de plus hautes ambitions, et comme il est désintéressé dans la question, il donne volontiers d'utiles renseignements. Il connaît tout le demi-monde, il sait le nom des femmes, leur âge, leurs relations, leur prix. Il fait quelque part les délices d'une beauté déjà mûre, qui le crible de paquets à faveur rose et qui trouve étrange qu'il s'égare dans les nombreuses commissions dont elle le charge. Il est de tous les mondes et fonctionne *in partibus*, la commission, voilà son fort ; le monde trouve qu'on lui a bien payé ses courses — comme s'il était du corps diplomatique. — A bon entendeur, salut !

Doué d'une certaine perspicacité, il devine les célébrités naissantes et dès qu'une œuvre a signalé le nom de son auteur au public, il se fait accueillir du nouvel élu et ne le quitte plus. « C'est moi qui l'ai inventé, » l'entendez-vous dire à ceux qui lui demandent s'il connait le lion du moment.

Cent fois on a dit de Mouche-Ducoche « il est bien inoffensif ; » n'en croyez rien, un bavard ne saurait l'être, et quand ce bavard est doublé d'un importun, il devient dangereux et haïssable, car il ne sait pas résister au désir de se venger de sa nullité sur les hommes de talent. On croit avoir tout dit quand on a accolé au nom de l'Agité l'épithète de *bon enfant*. — Les filles aussi sont bonnes.

Écoutez l'Agité au théâtre : il juge une pièce sur un acte, et, doué du bagou des coulisses, flétrit d'un mot qui a l'air spirituel, des efforts honorables et un travail consciencieux. « Pauvreté de style ! — démoralisation des masses ! » dit-il à tout propos. — Mais à la première pièce de l'auteur abimé, il lui demande une stalle et serre la main de celui qu'il a dénigré.

L'AGITÉ

Gardez-vous de confondre ce second agité avec Mouche-Ducoche; mais écoutez et vous le plaindrez, car saint Laurent sur son gril n'éprouvait pas de tortures comparables à celles qu'il endure ; tortures volontaires; ne s'est-il pas couché lui-même sur l'instrument de supplice ? Il ne tient qu'à lui de se relever. — Avocat, peintre, sculpteur, référendaire, médecin ou capitaine, les traits qui le distinguent varient suivant la carrière qu'il embrasse ; mais c'est le même martyr, le masque seul diffère et le moral est plus ou moins le même.

Pour lui, jamais de repos, jamais de quiétude, jamais de satisfaction ; il est mal à sa place dans la société, il a jugé dans son âme et conscience que le monde ne l'estimait pas à sa juste valeur. Inquiet et nerveux, ombrageux et indécis, il a pour jamais perdu la paix du cœur.

Rien ne remplace pour lui la vie publique ; dans sa famille, assis autour de la table pour le repas du soir, il pose mal sur sa chaise et vit provisoirement, rêvant toujours une gloire hypothétique qui se traduit par une déception, et vingt fois il a passé près du peu de bonheur qui nous incombe ici-bas : c'est l'éternelle fable de la proie pour l'ombre.

Voulez-vous sa formule ? — Prenez un dixième de noble ambition, quatre dixièmes d'envie et cinq dixièmes d'amour-propre ; — remuez fortement, — je vous assure que le titulaire de ce mélange est absolument insupportable dans les relations ordinaires de la vie. Vous lui parlez, il ne vous entend pas; vous lui présentez un homme de mérite, le mérite des autres lui est insupportable; vous lui lisez une œuvre transcendante, il caresse sa chimère d'une main fiévreuse; vous lui montrez un tableau, il n'y jette qu'un regard distrait.

L'Agité voit peu les gens de sa profession: il élude ainsi les parallèles. Avocat, il fait sa société des médecins; médecin, il voit les artistes; bureaucrate, il recrute ses amis dans l'armée; littérateur, il voit les notaires, sauvant ainsi la hiérarchie.

Je crois qu'il ne se troublerait point si on lui offrait la couronne, et sa désolation suprême, parvenu aux derniers échelons (il y parvient quelquefois), est d'avoir choisi une carrière limitée.

S'inquiétant outre mesure des *bureaux*, les qualités du cœur sont peu de chose pour lui si elles ne sont pas accompagnées d'un titre de secrétaire général ou de chef de division.

Assis devant son pupitre au Palais, s'il est magistrat, devant son chevalet s'il est peintre, au lit du malade s'il est médecin, devant sa selle et sa glaise s'il est sculpteur, il voit dans ses rêves étoilés des portefeuilles, des missions, des commandes, des fauteuils ou des cordons moirés passer devant ses yeux. Artiste, il n'aime pas sérieusement l'art, ce sont ses productions artistiques qu'il aime. Voulez-vous avoir la mesure de sa vocation ? Placez dans une salle une de ses toiles en face d'un Giorgione ou d'un Velasquez, et vous verrez à quel autel il sacrifiera.

Avocat, il préfère ses plaidoiries à celles de Berryer et de Chaix-d'Est-Ange. Médecin, les soins qu'il donne à ses clients sont en raison directe de l'influence dont jouit le malade.

Vous ne savez sur quel ton lier conversation avec lui ; il est soucieux, susceptible, irritable, énigmatique et bilieux ; parlez-lui de lui-même, rien au monde ne saurait l'intéresser davantage. Si vous voulez lui plaire, ne faites pas d'autres frais, mais mesurez vos paroles car il verra des intentions et des réticences dans les sincérités les plus absolues, et vous questionnera sur l'impression qu'il produit parmi vos amis, vos parents, vos proches, vous rendant responsable de leurs sentiments.

Il croit à des ligues imaginaires, il invente des ennemis à son propre usage et croit qu'on conspire dans l'ombre contre ses œuvres et lui-même ; il s'imagine généralement avoir frappé un grand coup quand ses efforts sont stériles et croit pécher par excès de santé quand il est phthisique.

La nature elle-même n'a plus de charmes pour lui, quoiqu'il soit bien fait pour la comprendre. Que lui font les voûtes ombreuses, les berges fleuries, les traînées verdoyantes, les couchers de soleil et la chaste Diane éclairant les halliers !

— C'est Paris qu'il désire. Le boulevard et son

gaz, son personnel fiévreux ; là, du moins, il connaît tout le monde et tout le monde le connaît. D'ailleurs, comment ignorerait-il quoi que ce soit : il s'inquiète de celui qui entre, de celui qui sort, de celle qui passe, des livrées, des armoiries, il salue par-ci, interpelle par-là. Ce n'est plus de l'amitié, c'est de la prostitution.

On dit de l'Agité « c'est un aimable homme. » En effet, il fait des frais, mais vous ne saurez jamais jusqu'à quel point vous lui êtes indifférent.

Parvenu, *arrivé*, comme on dit aujourd'hui, l'Agité s'étonne avec une naïveté assez bien jouée et une certaine commisération hypocrite d'avoir vu tomber en chemin des organisations qui méritaient un sort plus heureux. — Parqué dans sa vraie place, une moyenne honnête que comporte parfois son talent, il tourne au vinaigre et fait métier de décourager les jeunes gens. — Tombé sur la route, faute de force, et oublié de tous, il fait de son ornière un Golgotha, dit du mal du gouvernement et, intervertissant la hiérarchie des facultés et des talents, érige les impuissants en maîtres, et les maîtres en habitants du Valais.

L'AMIE DES ARTISTES

L'AMIE DES ARTISTES

Elle a trente ans à peine ; ses cheveux, naturellement ondulés et très-abondants, sont de cette jolie nuance qui permet de la ranger parmi les brunes ou les blondes, suivant le goût de chacun. — Le teint est clair, limpide, légèrement coloré ; un teint d'enfant qui résiste aux fatigues et aux veilles, ignore les subtilités du blanc de perle et les rouerie de la crème Pompadour. — Le front est un peu bas, et la tempe droite est sillonnée par une jolie veine bleue qui a son heure d'éloquence. — Les dents sont exquises, et la bouche, un peu trop petite, les laisse constamment éclater entre les lèvres qui les encadrent. — Edile Riquer est de cette école-là — (pour les dents!)

La taille est placée un peu haut et commence au-dessous des seins. — Un peu plus elle serait maigre, — mais ne vous y fiez pas, — ces maigreurs-là font des surprises quand on les pousse à bout. Elle a la démarche rapide et légère, sautille sur la pointe des pavés comme une bergeronnette qui craint de mouiller ses plumes, ne sort jamais sans son mignon *en tout cas*, et si d'aventure il vient à pleuvoir, elle s'empresse de renvoyer sa voiture pour avoir le droit de relever sa jupe un peu plus que de raison.

Si vous avez cette bonne et toute parisienne

habitude de sonder d'un œil rapide les coupés qui frôlent les trottoirs, vous l'avez souvent vue blottie dans l'angle de sa voiture à caisse brune sans chiffre, gravissant les hauteurs cythéréennes. Elle aime ces cités ombreuses où les grands jours des ateliers sont encadrés dans la verdure, et comme elle est alerte et vive, elle passe à tout propos d'une rive à l'autre rive.

On chante discrètement ses louanges à Notre-Dame de Lorette et à Notre-Dame des Champs. — C'est la même confession et le même rite, le même culte, celui de Vénus fantaisiste, on s'y inquiète autant de la blancheur du marbre et de sa dureté. Elle trouve dans la cité bordée de lauriers-roses dont le nom est cher à nos édiles, — à deux pas de la nouvelle Athènes, — un accueil aussi fervent qu'aux jardins des Médicis, et c'est par pur dilettantisme qu'elle chérit ces quartiers recueillis et déserts de Fleurus et Duguay-Trouin dont les noms sonnent comme des victoires.

— Allons, on vous a reconnue, jolie Mécène, avancez! — soyez sans crainte, levez ce voile épais, et montrez votre taille ronde. — Vous vous trahissez comme Rosine, votre bottine est crottée.— C'est l'amour de l'art, sans doute, qui vous a fait lever dès l'aurore, où allicz-vous demander aux lilas du Luxembourg des nouvelles du printemps?

Non. Ce n'est pas moi qui vous trahirai!— L'âge d'or va venir, et les temps passeront où il ne suffira point de mépriser la grammaire et d'être peinte à deux couches pour enchaîner les cœurs. Aujourd'hui c'est l'âge de fer, les filles de l'amour sont laides et fardées. Vous nous rappelez un temps qui n'est plus, et vous nous annoncez une saison qui ne fleurit pas encore. — Vous aimez l'amour pour l'amour.

Votre morale est douce, vous professez un épicuréisme délicat, vous êtes la fille de Beaumarchais et de Marivaux, de Heine et de Sthendal. — Mais votre esprit conçoit vite, et vous supprimez la *cris-*

tallisation pour courir au dénoûment. — Vous vous faites une délicate occupation de l'amour, et fidèle au précepte du poëte, vous glissez, vous n'appuyez pas. Vous vous plongez dans les calices des fleurs comme Clarence dans son tonneau de Malvoisie, mais votre ivresse se dissipe vite, et vous courez chiffonner une autre corolle.

Quand vous venez au matin, les mains pleines de violettes, vous éclairez les ateliers comme un rayon de soleil, et Janin, le doux maître, verrait en vous l'allégorie charmante du *manibus lilia plenis*. — Nous autres, nous tenons pour les choses plastiques et vous nous rappelez la jolie fresque de Pompéi, cette figure qui puise des fleurs dans une coupe et les répand en souriant sur la terre.

Vous aimez dans une tendre mesure, vous avez horreur des chaînes, encore qu'elles soient douces, et vous les brisez avec tant de grâce qu'on ne saurait vous maudire; d'ailleurs, avec tant de grâce aussi vous les savez rattacher! — Quand les vents sont au sud, — vous avez donné pour limite à votre cœur la légère émotion de la tendresse. — Et ce but, il ne le dépasse jamais, c'est assez pour lui, il évite ainsi l'ennui, cette occupation lui suffit sans l'épuiser.

Vous avez, comme dans le monde enchanté des comédies, créé une langue à l'usage de cet état qui vous est propre et qui est aux fureurs de l'amour ce que la galanterie est à la passion. —Une mousse rosée qui pétille dans une coupe ornée de fleurs — vous avez juré d'ignorer les sombres désespoirs et les brisements de cœur. Vous effeuillez votre beauté, madame, et qu'il serve Apelles ou Phidias, chacun de nous en conserve une feuille qui parfume son souvenir.

Quel est le moraliste assez brutal pour brandir en vous voyant, le fouet de la satire? Vous n'avez pas trahi vos serments, vous, — vous n'en faites jamais, — vous êtes un cœur loyal, sans détour, vous ignorez la perfidie et, désintéressée jusqu'à l'imprudence, vous ne flattez que l'infortune.

— —

L'Amie des hommes vit dans un cercle d'intimes sans en jamais sortir; elle ne fait pas partie de *tout Paris*, fréquente à peine les théâtres; de loin en loin on la devine dans l'ombre d'une baignoire; elle a voulu voir la pièce de **Lambert** ou celle de **Théodore**. — Elle connaît les secrets d'alcôve et sait les causes efficientes de bien des déterminations importantes, mais elle n'est point au courant des bruits du jour et ne court jamais *là-bas;* elle ne s'agite point, elle sait ce qu'elle veut et l'obtient sans peine, elle est satisfaite, trouve que le monde est bien fait et ne demande qu'une éternelle jeunesse et des amours toujours nouvelles.

Rien de ce que nous aimons ne lui est étranger; elle parle notre langue et elle a la clef de nos mystères. — Demandez-lui le sonnet d'**Arvers** ou l'*Oa-*

rystis, et vous verrez comme elle scande un vers, lorsque, dans son musée des esquisses qui est pour elle un jardin des souvenirs, couchés comme les disciples du maître Wolframb de Lemud, ceux qu'elle appelle simplement ses *amis* l'enveloppent d'un nuage de fumée bleuâtre.

Son intérieur est célèbre; on compte les faiblesses de son cœur par les panneaux de son salon, les marbres et les autographes de sa bibliothèque. Elle descend toujours de l'œuvre à l'homme, qui n'a bientôt plus de secret pour elle et personne ne sait comme l'Amie des artistes, des débris de la statue de l'amour qu'elle brise vite, faire une jolie statuette de l'amitié qu'elle place dans la vitrine de son souvenir. Elle pratique la maxime des Maures, — il vaut mieux être couché qu'assis — et, chez elle, les divans les plus dangereux invitent au repos et au mol abandon. — Elle compte les années par les œuvres artistiques qu'elles ont vues naître et dit l'année du *Charles-Quint* ou de l'*Œdipe*, comme d'autres femmes disent l'année des *grands bavolets* ou des manches pagodes.

———

Coulés en bronze ou fixés sur la toile par des maîtres qui avaient le cœur faible, ses traits traverseront les âges, elle partage avec Diane de Poitiers et la princesse Borghèse la préoccupation de faire quelque chose pour l'art en lui prêtant un modèle. La Vénus Anadyomène l'inquiète et elle porte des défis audacieux aux beautés du Giorgione. Le vêtement la gêne et l'irrite, ses draperies tombent une à une, sans qu'on la provoque, et bientôt, *comme une tourterelle blanche*, le dernier voile *vient s'abattre sur ses pieds blancs*. — Détail d'une charmante inconséquence, l'Aspasie moderne, qui a horreur des chaînes, porte rivé à l'avant-bras un cercle d'or qui se relie par une chaîne mignonne à un autre anneau qui serre le poignet, — et ces mots gravés « *for ever* » témoignent d'une surprise du cœur dont elle n'a pu se défendre et qu'elle raille avec grâce.

———

Suivez l'*Amie des artistes* quand elle gravit la montagne, vous verrez comme elle fuit bien vers les saules, ne décourageant jamais le passant rêveur qui croit, en la voyant s'engager dans l'allée de la cité, suivre la Fortune légère, celle qui vous baise au front et s'enfuit. — Comme elle connaît son dix-huitième siècle, bottine élégante, talon cavalier, bas de soie bien tiré, jupes fraîches et soignées. — Elle va chercher l'insolent et espère le rencontrer. Et l'heureux mortel auquel elle réserve sa surprise ne soupçonne point son bonheur, elle l'a négligé depuis longtemps et revient fraîche et souriante, alerte et preste, exempte d'inquiétude et de mélancolie, elle va frapper à cette porte délaissée depuis une saison; mais elle a des attentions charmantes, elle apporte les fleurs qu'on aime et se pare du simple bijou qu'on lui a donné. — Jamais d'erreur, jamais d'équivoque.

C'est l'heure mystérieuse où le jour baisse; on nettoie sa palette, on humecte sa terre; les cadres luisent dans l'ombre, les ébauches se finissent, les torses musculeux s'estompent dans la demi-teinte, le grand cheval de Phidias semble hennir sur le bahut qui lui sert de piédestal et la tête de *l'Homme au gant*, lumineuse, se détache du noir pourpoint. A la lassitude de la conception succèdent les terrestres ardeurs...

La nuit est venue, Aspasie s'étonne d'avoir des palpitations de cœur et découvre qu'elle n'a que des crampes d'estomac.

Comme Mme d'Esparbès qui avait aimé le duc de

Choiseul pour sa puissance, — le maréchal de Richelieu pour son esprit, — Manville pour sa belle jambe — et le duc d'Aumont pour son dévouement à Louis XV, l'Amie des artistes apprécie M... pour son talent, — R... pour sa bonté, — de C... parce qu'*il porte bien le gilet blanc!* — et T... parce qu'il est bon pour sa mère. — Les et cætera sont nombreux et vous voyez bien qu'on ne fait rien à la légère.

Un jour le bruit courut, du Luxembourg à la Nouvelle-Athènes, que cette santé robuste, ce sourire éternel et cette rapide intuition de toutes choses avaient séduit un riche Mécène. — Chacun prit le deuil en secouant la tête. — Le huitième jour, elle redemanda ses chansons et son somme, rendit son hôtel, ses chevaux, ses obligations, congédia sa livrée : — et Aspasie reprit le chemin d'Athènes.

Si la vindicte publique traduisait l'Amie des artistes à son tribunal, incriminant ses faciles amours au nom de la famille et de l'austère devoir, si elle lui montrait en exemple une douce mère de famille avec ses blonds enfants se jouant à ses pieds, image souriante et sereine de la vertu qui combat sans connaître les défaillances, la jolie pécheresse alléguerait humblement que Vénus, tout comme la Providence, a, sans doute, des voies cachées, et qu'elle suscite, peut-être, des êtres voués aux éternels sourires en faveur de ceux qui sont atteints de la trois fois sainte folie qu'on appelle l'art.

Ne faut-il donc pas des amours faciles et des cœurs indulgents à tous ces êtres impressionnables et nerveux, vibrant à tous les vents, mis hors la loi commune, éperdûment épris de l'idéal ? Les lourdes chaînes leur pèsent, ils refleurissent au moindre rayon, s'abattent au moindre souffle; et la vertu est bien austère et bien froide depuis que, proscrivant les vives couleurs, les joies franches, le plaisir des honnêtes gens, on a inventé à l'usage du siècle une morale lugubre, morne, et qui fait de l'ennui la première base du devoir.

Et tous ceux qu'elle a charmés invoqueraient en sa faveur les circonstances atténuantes du désintéressement, ils la montreraient prenant sa fantaisie pour mobile et ne saluant jamais les idoles, péchant par excès de bonté, cherchant à guérir les blessures qu'elle a faites, et brûlant d'autant de feux qu'elle en sut allumer. — Sans doute, ce n'était pas l'amour, mais c'en était si bien la douce illusion; ses lèvres avaient le même parfum, son front le même éclat, son cœur les mêmes élans, et son délire était le même.

Si ses juges enfin, vieillards austères, désormais sourds à la voix des passions, fronçaient le sourcil, prêts à la condamner; — eh bien, faites comme Hypérides; dénouez sa ceinture! et la Muse du souvenir rendra, pour un instant, à ces cœurs desséchés la fraîcheur et les illusions de leur jeunesse.

— Leur front aura vingt ans pour une heure, un

souffle parfumé d'aubépine agitera leurs cheveux blonds et les sombres toges deviendront de blanches robes prétextes.

Ils reverront les allées ombreuses et les haies d'églantiers où toute leur jeunesse chantera comme un essaim d'oiseaux; une tête folle, aux lèvres humides, à la fois mélancolique et rieuse, se détachera du groupe éperdu de leurs songes envolés, qui reviendra voltiger au-dessus de leur front, — un sourire effleurera leurs lèvres, une larme perlera sur leurs paupières; — et tu seras sauvée, bonne fille !

La morale y perdra bien un peu, mais la jeunesse et l'amour auront gagné leur cause.

M. ÉVARISTE

M. EVARISTE

Votre cœur demande un cœur, mademoiselle, et les feuilles m'apportent ce matin l'écho de vos plaintes. Je suis peintre moi, et je crois réunir à un haut degré les qualités que vous exigez de celui auquel vous donnerez un jour et votre cœur et votre main. Je n'ai aucune fortune, et je bénis l'injustice du sort puisque je lui devrai peut-être mon bonheur.

Mon beau talent ne me donne point le pain de

chaque jour, et je crains qu'il ne me le donne jamais. C'est une des hontes d'un siècle qui s'abreuve à longs traits à la coupe du thérésaïsme de laisser les aigles se morfondre sur les cimes pour les forcer à descendre dans les vallées afin de se souiller au contact des êtres gras et prosaïques.

Non! blanches Alpes, non! neiges immaculées des pics vierges, je vous garde ma foi, je resterai dans ma solitude étoilée. Fiers sont vos sommets dans leur beauté tranquille et *fier aussi mon cœur!*

Ma modestie est égale à l'élévation de mes idées et je n'ose pas m'appesantir sur les charmes que quelques natures d'élite qui m'entourent, et que je me ferai un vrai plaisir de vous présenter, s'accordent à reconnaître en moi ; mais je crois être ce qu'on appelle une belle âme. Je n'ai point donné mon cœur en pâture à ces femmes échevelées qui vendent le doux nom d'amour. Vierge encore, ce cœur qui s'ignore attend l'artiste inspiré qui va le faire vibrer. C'est un Amati, que dis-je? un Stradivarius sur le dos duquel quelques folles créatures se sont obstinées à frotter leur archet; vienne La Joachim inspirée, elle saisira l'instrument, et d'une main à la fois délicate et nerveuse en saura tirer, j'en suis sûr, les plus suaves accords.

Euphémie, votre servante dévouée qui doit vous faire tenir cette lettre, ne trouvera pas au bureau du journal, écho public de vos sourdes plaintes, ma carte photographiée; j'y suppléerai, mademoiselle, par une description simple, impartiale et sans prétention. Je suis avant tout un homme de principes, je fais partie d'une secte, hélas! trop peu nombreuse, qui proteste contre l'objectif, et je ne saurai point par une coupable condescendance encourager ce que je regarde comme un méfait.

Il était réservé à un siècle qui a vu naître Davenport, encensé Léotard et couronné Thérésa, de substituer à la palette lumineuse et au pinceau créateur une image inconsciente qui ne va pas chercher l'âme sous l'enveloppe fugitive, et vous révélant toutes les défaillances de la chair, ses cruautés, ses accents forcenés, les complique encore avec ses hideuses déformations.

Portrait.

Je n'ai que faiblement dépassé la trentaine ; je suis de haute taille, mince, élégant et d'un harmonieux ensemble. Mon front ravagé par les longs pensers, a les vastitudes démesurées des Palingénésies ; ma chevelure rebelle et volontaire n'est point accommodée au goût du jour et flotte sur mes épaules.

Mon œil est glauque et insondable, parfois il lance l'éclair et parfois il prend un accent d'une indicible tendresse. Ma tête, en somme, est bien dessinée et très d'ensemble.

Il est un point qui n'est pas sans importance : je me mets assez bien, je cherche autant que possible à réagir contre les fâcheuses tendances du costume moderne et j'affectionne particulièrement le velours; c'est une étoffe souple, grasse, enveloppée, elle accompagne bien mes traits ; ses plis n'ont rien de maigre ni de cassant, ils appellent la pâte et les glacis, le gris si précieux au coloriste s'y accouple aux noirs entiers et profonds sans fermer la porte aux demi-tons.

Je n'ai jamais souillé mon front — *os sublime* — du haut chapeau droit ; le feutre souple aux amples bords projette son ombre sur le frontal, il en modèle les plans et les accuse, fondant dans une douce et chaude harmonie les contours des chairs et les vibrations de la lumière. Les parties qui accrochent le point lumineux, cartilages, pommettes et maxillaires, ont ainsi toute leur valeur.

Pourquoi faut-il qu'un préjugé ridicule ait proscrit le manteau aux plis généreux !

Ma vie.

Vous voulez savoir l'histoire de ma vie ? Hélas ! l'idylle y coudoie le poëme épique, le drame larmoyant aux lugubres péripéties y tient plus de place que la douce églogue !

Vous saurez tout, mademoiselle, et mon nom e révélera par mes œuvres. J'ai vu le jour aux rives de la Seine ; né de parents riches, mes premières années s'écoulèrent dans une paix profonde. Mon père, homme inflexible, mais peu perspicace, et qui n'avait pas suivi dans sa marche furibonde le torrent des idées modernes, était lampiste rue Albouy ; il avait rêvé pour moi les destinées du notariat. Mais la muse m'avait touché de son aile, et je grandissais sous l'œil tutélaire de ma mère qui souriait à mes premiers succès, et je négligeais l'étude des codes pour celle de la nature.

A dix ans, je dessinais d'après la bosse, à quinze ans je sentais déjà dans mon cœur une sourde haine contre M. Picot, et ma raison s'égarait en face d'un paysage d'Aligny ; un jour, j'eus une congestion cérébrale en entendant prononcer le nom de M. Ingres — mes jours furent en danger.

Loin de chercher en arrière dans les fastes de l'histoire ou dans les créations de la fable le sujet de mes inspirations, j'essayai de symboliser mon époque par l'interprétation de l'une de ses formules les plus vibrantes, et j'esquissai à larges traits, loin des regards de l'inflexible auteur de mes jours, une toile qui fit une profonde sensation dans un cénacle d'hommes distingués.

C'était une locomotive Crampton, grande comme nature, qui, présentée dans un ingénieux raccourci, semblait s'avancer sur le spectateur; à gauche, sur la voie, un cantonnier, le bras étendu, assistait rêveur à cette scène imposante; à droite, le treillage nu, dans sa poésie primitive, et la plaine d'Asnières dans le lointain avec ses peupliers acérés et son herbe rare; puis là-bas, le vide, l'infini, le néant... Un jour, pendant que j'allais demander mes inspirations à la nature, ma pauvre mère, un ange, découvrit l'asile qui recélait cette toile inspirée, fruit de mes veilles et de mes sueurs; elle voulut que mon père, en face de cette Crampton peinte avec mon cœur, pût jouir enfin de mon triomphe, et me laissât me jeter à corps perdu dans le domaine de l'art pur ; elle l'amena devant mon œuvre.

Je l'ai dit, mon père était lampiste et n'avait pas inventé la pétroléine ; il se précipita sur la toile, son parapluie à la main et la perça d'outre en outre, en donnant par procuration sa malédiction à M. Auguste, mon concierge, qui me la remit fidèlement à mon retour. — C'en était fait, j'étais coloriste et déshérité, car vous le saurez, mademoiselle, je suis de roc et je rebondis contre les obstacles.

Je ramassai pieusement les morceaux informes d'une œuvre qui sera, je le crois, le plus beau fleuron de ma couronne d'artiste, et je m'exilai à l'Odéon. Je vous épargne les luttes amères, les sombres découragements et les navrantes péripéties de ma vie nouvelle. Tantôt rayonnant d'enthousiasme, tantôt pâle et abattu ; aujourd'hui éclairé par une lumière intérieure qui me faisait entrevoir des capitoles et des apothéoses ; demain éteint et aplati, acculé au pied du grand trou noir dans lequel j'allais m'engloutir, j'eus à souffrir les plus affreux supplices.

Mais le cœur est une grande route dont l'homme est lui-même le cantonnier rural ; j'étais jeune et je devais refleurir par l'amour. Vous êtes coloriste, Henriette, ou du moins vous êtes digne de l'être ; vous connaissez la tyrannie des idées et la douce compassion qui reconforte une âme abattue, vous me comprendrez.

Un soir, Wishler et Manet venaient d'entrer dans nos murs, j'errais avec eux sous les dômes de verdure du Luxembourg ; portés sur les ailes de la brise, les parfums des lilas en fleurs arrivaient jusqu'à nous sous les grands marronniers, quand mes yeux s'arrêtèrent sur une jeune fille au regard angélique, qui, sans doute, avait lu sur mon visage la tristesse à laquelle j'étais en proie. — Que vous dirai-je, Henriette ? nous nous aimâmes et j'oubliai le monde. — Cinq mois après, j'étais père ! Assez,

Henriette, vous saurez tout, mais je suis resté pur, le Stradivarius n'avait pas vibré..... Faible nature ! Étrange domination des sens !

Mon œuvre.

Ce n'est point assez de connaître l'homme, il faut connaître l'artiste. Je suis avant tout coloriste, je l'ai déjà dit; mais je suis aussi symboliste et réaliste tout à la fois. Je fais très-fin de ton, et l'enveloppe est l'objet de ma plus grande sollicitude. L'art m'absorbe tout entier. Sans renoncer aux saines doctrines, j'ai couvert de cendres la lave qui bouillonnait en moi, et désormais je ne dirai pas un mot plus haut que l'autre à un architecte ou à un graveur sur cuivre.

Vous me demandez, mademoiselle, une de mes productions quelle qu'elle soit ; en trouverai-je une dans mon œuvre plus digne de votre suffrage éclairé que ma *Tristesse d'Olympio?* Je n'entends point livrer cette œuvre à la publicité : j'ai horreur des foules : — *Ignobile pecus* — *vulgus profanum.* — Je veux rester seul sur mes blanches cimes ; les expositions sont les mauvais lieux de la peinture, et la chaste muse aux blanches ailes ne saurait y entrer qu'en se voilant les yeux.

Ma toile-Calvaire, mon tableau-Golgotha représente une mansarde : Olympio s'habille assis sur le rebord d'un lit encore chaud de son insomnie ; il rêve, et sa botte à tige de maroquin rouge lui tombe des mains. Sa pensée erre dans l'infini, et son œil suit sa triste chimère ; il est loin d'être peigné, et ce désordre donne à sa physionomie je ne sais quelle grandeur à la Manfred. Le fond de la mansarde est dans l'ombre, un rayon de soleil vient se jouer sur un vase de forme connue, et qui, par ses lignes essentiellement modernes, indique bien la date du tableau. Tout à fait au dernier plan, perdu dans la pénombre, le concierge d'Olympio lui apporte un commandement-saisie — couleur verte. Je suis assez content de ce dernier détail pris sur le vif, il symbolise bien la lutte de l'idéal et du réel.

Vous le voyez, c'est tout un poëme, Chenavard, l'homme-aéropage, dernier sanctuaire de la pensée, dernier refuge du goût, approuverait, j'en suis sûr, mon carton de la *Tristesse d'Olympio*. Je recule le moment de le peindre ; depuis sept ans déjà j'hésite, j'étudie les relations, je pèse les rapports, je combine les effets. Le bitume, la terre de Sienne, les ocres me préoccupent plus que je ne saurais le dire, et je cherche sous la patine du temps le secret de l'harmonie des maîtres.

Mon but. — Mes aspirations.

Tout artiste poursuit un idéal, mademoiselle, et je dois vous dire mes aspirations et mon but. Après m'être encore recueilli pendant quelques années, j'attaquerai mon œuvre de pied ferme et je peindrai ma *Tristesse d'Olympio;* peut-être alors l'Institut reconnaîtra d'autres dieux, M. Ingres aura fait des aveux et déclaré que le nombril ne saurait être l'œil du torse, la couleur aura détrôné la ligne, l'enveloppe régnera dans toute sa gloire, et nous verrons siéger sous la coupole les peintres de l'avenir. Je n'en doute point, je serai célèbre alors, et je toucherai mon but comme Cabanel, désormais le collègue à Signol; je viendrai m'asseoir entre le doux Chintreuil et Fantin propice au symbole.

Dans ce temps du triomphe du nombre et de l'harmonie, toute mon ambition se bornera à initier au grand mystère de la composition picturale, au balancement des lignes, au secret des tons chauds et des glacis subtils les jeunes hommes qui chaque année se présentent au seuil du temple des Arts un bouquet d'églantine à la main : je leur révélerai l'insondable mystère de la fusion des corps en plein air avec la lumière ambiante. — Noble mission, n'est-ce pas ? but élevé s'il en fut, secret inestimable que je ne veux pas ensevelir avec moi dans la tombe.

Mes espérances. Notre avenir.

Jusque-là nous quitterons la France ; je sais un

coin ignoré du monde, au bord de la mer — la vaste mer! — sous les tamaris et les orangers. La vague, en se brisant sur les rochers, dira son triste concert, et frange étincelante au bord d'un manteau vert, le flot phosphorescent égrénera à nos pieds ses chapelets de perles et de rubis. Là, loin de Thérésa, du prosaïsme et des frères Davenport, nous nous noierons dans notre amour; notre vie sera une symphonie heureuse, nous l'écrirons en mineur, et, la main dans la main, nous pourrons fouler l'herbe des prairies ou sentir craquer sous nos pieds le sable doré des plages; nous serons notre monde à tous deux; je n'aurai plus d'autre horizon que votre amour.

Euphémie seule nous accompagnera; mais si cette solitude vous effraye, nous convierons au spectacle de ce bonheur Tapeau le poëte, une belle âme aussi, dont la vie fut un combat; il a été roi chez des sauvages. Il nous redira, assis au bord de la grève, sa trilogie sur l'exposition des insectes nuisibles, et vous verrez comment la pensée, sur les ailes de l'imagination, peut franchir les plus vastes domaines et s'élever jusqu'au sublime.

Oh! Henriette, vienne le jour où vous m'appelrez, je me rendrai le cœur palpitant à Sainte-Clotilde, à la messe du matin — onze heures moins un quart pour onze heures, je suis très-exact. — Je ferme les yeux, je vois dans l'allée de gauche, près du vieux pilier, cette jeune fille blonde avec une petite capote bleue toute simple; mon cœur bat à se briser, c'est vous, c'est Henriette!... Ah! — Cette émotion me brise, je laisse tomber la plume et je vais prendre quelque chose.

Henriette, j'ai toutes les abnégations, et je vous déclare que vos vingt-cinq mille livres de rente je suis prêt à les accepter. La misère avec vous, cher ange! mais ce serait le paradis, et tant de félicité n'est pas faite pour un seul homme!

Quand viendra le moment suprême, je ne crains pas d'affronter les regards de monsieur votre père et de madame votre mère. Plusieurs fois déjà je me suis présenté dans des salons où il y avait du monde, et, l'année dernière, j'ai même fait une certaine sensation chez un receveur des contributions de Sédan, car, je vous l'ai dit, je me mets bien et je prends un soin tout particulier de ma chevelure.

Henriette, à bientôt! A bientôt, Henriette! Vous êtes ma fiancée dans l'éternité!

C.-AMÉLIA

C. - AMELIA

Prends ta plume et droit et vite cours au but. Sois précis, net et rapide, et garde-toi bien de poésie. Evite l'allégorie cadencée et l'élégant symbole, ne caresse point ta période, cours, vole, fuis le nombre et l'harmonie.

C'est une femme de jour, une de ces maigres élégantes faites pour les Worth et les Camille ; tout leur sied, tout leur va ; on les habille à plaisir ; elles sont flexibles et souples. Le bal est leur triomphe, mais quand les bougies s'éteignent on se prend à rêver de plus opulents corsages. Elle a le pied plat, et elle le chausse à ravir, la cheville est un peu trop forte. Les mains sont longues, osseuses, avec des nœuds aux phalanges. On n'échappe point à sa destinée, avec de telles mains on doit jouer du piano, et elle en joue avec correction, mais avec raideur, sans grâce et sans imprévu, comme un professeur de contre-point.

Elle marche comme un coureur, ne fatigue point ses chevaux et d'un pas rapide et sûr fait ses deux lieues à pied. Elle est de fer, passe trois nuits de suite sans qu'il y paraisse, ne fait jamais de feu pour elle, se baigne à l'eau froide, soulève des altères et tire au pistolet. Quand vous la croyez, au matin, plongée dans des bains parfumés, elle a déjà vu dix fournisseurs, querellé sa cuisinière, fait sa gymnastique et son hydrothérapie.

Elle voyage sans femme de chambre, couche seule dans un appartement isolé, n'a ni faiblesse ni frayeurs et s'endort avec des pistolets sur sa table de nuit. Elle a mis des sonnettes à ses volets, et, quand le vent les agite, elle se lève, s'arme, et court à la fenêtre sans émotion et sans pâleur.

Elle est longue, effilée, ascétique, on dirait qu'elle va rendre l'âme. Vous connaissez cette nuance de poitrinaires qui remuent des armoires à glace, décrochent des tableaux énormes, mettent des cavaliers sur les dents et entremêlent ces exercices de flacons d'Eaux-Bonnes.

Toutes les femmes, même les plus égarées, ont quelque part un livre de messe caché, un crucifix ou un bénitier, une branche de buis ou une image, une petite médaille ou un fétiche. Elles croient toutes aux rêves ou aux cartes, au plomb fondu ou aux sous percés, aux trois bougies ou au sel renversé ; sous leurs bagues en diamant elles cachent un simple anneau d'or, une superstition, une faiblesse, une croyance ou un souvenir. L'être faible et facile à émouvoir se révèle par quelque côté ; elle, n'est ni superstitieuse, ni faible, ni crédule et ne se souvient pas ; elle ne rêve jamais. Un jour elle a eu fantaisie d'un oratoire, mais il n'y avait pas d'eau sainte au bénitier. La petite lampe n'a jamais brûlé devant l'autel, et le Dieu qu'on y adorait était pâle, brun et ressemblait à lord Byron. On ne l'a jamais vue pleurer et elle avoue qu'elle n'a pas de larmes ; c'est une personne froide et métallique, automatique et correcte, sûre d'elle. Elle n'a point aimé, et comme le cœur a sa logique, elle a, malgré ses succès, subi la peine du talion.

Cette femme, qui débute dans la vie par un scandale, est une bourgeoise timorée ; jamais gardienne du foyer domestique n'a eu plus horreur du scandale, et, tout en tombant dans le précipice, n'a plus fait pour cacher sa chute. Elle n'a jamais avoué ses amants, qu'on a tous connus d'ailleurs, elle respecte l'opinion publique et le qu'en dira-t-on. Mère correcte après avoir été fille correcte, elle tient le doit et avoir de ses affections et établit sa balance. Jamais un entrainement, jamais un élan, jamais une folie ! Que dirait le monde ?

—

Elle ne parle pas, elle *vibre* pendant cinq heures de suite et toujours à la troisième personne. Comme au fond elle ne s'intéresse qu'à elle, on peut dire qu'elle n'est point médisante. Je ne jurerais pas qu'elle manque d'esprit. Elle n'a jamais dit un mot badin, ne connaît pas le joli répertoire des femmes du dix-huitième siècle, et dans son langage correct, sans grâce, presque utilitaire, la grammaire ne perd jamais ses droits. Comme sa plume ne lèse point le participe rebelle, de même sa langue reste fidèle au subjonctif subtil et fanfaron. Pas de jolis billets du matin comme toutes les femmes en savent écrire, pas d'heureux hasards de style et d'incorrections charmantes, ses gaietés de plume ressemblent à des facéties d'homme de loi.

Elle est fidèle à la foi jurée, sûre en amitié, j'allais dire en complicité, un peu lacédémonienne au physique, dure pour elle-même et pour les autres, d'une violence extrême. Sa lèvre plate, sèche, sévère et rebelle au baiser, dit assez haut son caractère. Ne lui demandez ni bonhomie ni rondeur, elle devient triviale quand elle veut être sans façon et C.-Amélia ne doit pas être triviale. » C'est un trait à ne point oublier que cette curieuse manie de parler de soi-même à la troisième personne, comme les grandes convaincues et celles qui escomptent la postérité.

Elle a des prétentions à la jeunesse, ce qui faisait dire à une femme d'esprit qu'elle cherchait à tromper : « Tant mieux, vos dents repousseront. » Mais c'était une méchanceté gratuite. Elle oublie parfois qu'en un débat célèbre elle a posé des dates dont Roger de Beauvoir a pris acte. On n'a pas reconnu là sa prudence habituelle.

Quelle jolie vision pour les vieux amateurs et quel charmant souvenir ! Un grand artiste arrivait en scène en la portant dans sa hotte, elle était mignonne et charmante et fit courir tout Paris. (Je dis tout Paris, l'Angleterre s'est bien un peu émue.) Plus tard, quand la beauté s'envola et qu'il ne restait déjà plus qu'une maigreur élégante, des diamants et un aplomb imperturbable, elle eut un rôle, un brillant succès. Son luxe et sa complexion délicate la servirent admirablement. Vous la rappelez-vous entrant en scène au premier acte, en robe blanche, enveloppée dans un grand châle de dentelles, coiffée d'une couronne d'étoiles de diamants, son bouquet à la main ? — Et comme elle mourait bien ! Sa voix rauque, l'habitude d'un certain milieu, son élégance, sa pâleur et sa toux sèche firent une bonne partie du succès.

A ce moment-là, elle croyait en elle ; elle y croit encore et ne doute de rien ; elle jouerait Hermione ou Camille, ceindrait le cercle d'or et toucherait à la coupe sans inquiétude et sans émotion. Elle joue partout, dans des palais ou dans des granges, à Vienne ou à Carpentras, et exploite sans cesse en province une réputation due à sa beauté et à un rôle célèbre, à son élégance et à sa toilette.

———

Elle n'est pas joueuse et n'a jamais touché une carte ; on ne plaisante pas avec le hasard ; mais elle est femme de tête et elle spécule. Elle aime à se servir de ce qu'elle a et les dressoirs ne sont point là pour la montre. Les orfévreries splendides et la vaisselle plate sont rayées par l'usage, et on sert dans des fiaschi de Murano des vins qui ne méritent pas cet honneur. En dehors de sa toilette et de certains appétits outrés, c'est une bourgeoise ; elle aime à se lier avec des bourgeoises et son rêve le plus cher aujourd'hui, serait de se confondre dans les rangs de la bourgeoisie. Mais vous sentez bien qu'il est tard, et puis l'honorable corporation a des scrupules. Elle fait le ménage dans sa maison comme dans son cœur ; rien ne traîne, tout est à sa place, et, au sortir du pays bleu des féeries, quand elle vient d'être Argande ou Jessica, elle court à la cuisine, relève sa jupe pour inspecter ses casserolles et retourner ses cuivres ; rien ne lui échappe, ni la lampe fumeuse, ni la pierre à laver, elle fait sa ronde, sable sa cuisine et passe sa belle argenterie à la peau. Tendance qui disparaît de jour en jour et qui mérite d'être encouragée.

Elle entasse les objets d'art et de curiosité plutôt qu'elle les collectionne ; les murs et les guéridons en sont littéralement couverts. Les jades, les émaux, les onyx, les sardoines, les meubles rares et les bronzes précieux, les Frankental et les Saxe, les Castel-Durante et les Triana. Tout est bourré, tassé, on se croirait chez Manheim ou chez Monbro ; la chambre à coucher elle-même ressemble à un magasin de curiosités. Elle sait à un sou près le prix que chaque objet lui a coûté, celui qu'elle le revendra et la place qu'il occupe dans son élégant capharnaüm. Elle époussette tout elle-même et couve sans doute une arrière-pensée, un coup de marteau d'ivoire gigantesque. Elle n'a pas de bibliothèque, mais elle a quelques livres, des incunables, des éditions sur papier de Hollande, des Aldes, des majuscules allemandes, de ces livres qu'on ne lit point et qu'on revend cher.

Elle a le sens de la curiosité et défie les plus rusés truqueurs ; mais ce n'est pourtant point un amateur sérieux ; elle n'a pas de ces tendresses d'artiste qui font qu'on flâne pieds nus sur ses tapis et que, en rentrant du bal, à quatre heures du matin, on va voir son Cuyp ou son Petitot. Il semble que ce soit un placement comme un autre, car elle sait bien acheter et pourrait réaliser un brillant bénéfice.

Elle se met avec un goût et une fantaisie rares ; elle a la véritable élégance, celle de l'invention, et elle fait peu de cas des étoffes uniques ; c'est le culte de la forme. Elle donne des idées à sa couturière, compose ses toilettes comme on compose un tableau ; elle adore chiffonner et eût été la meilleure faiseuse de ce temps-ci, car elle a le sentiment de la coupe et le secret des garnitures.

Ce qui frappe dans sa mise, c'est la suite qu'elle a dans ses idées ; elle varie à l'infini et toujours avec le même soin. J'ai vu à Pétersbourg une des plus grandes dames de ce temps-ci lorgner sa toilette avec une constance inouïe, et Mme Guibert, la Camille de la Perspective de Newsky, était chargée le lendemain de copier ses chemises soutachées et ses petits paletots courts sans manches, en chantilly.

Vous la verrez le matin, à pied, avec une robe de toile de soie grise, à garnitures rouges, le jupon sera rayé rouge, les bas chinés du même ton, la chemise à col rabattu aura des pois rouges comme la cravate, la broche, les boucles d'oreilles et le peigne seront en corail. Ne vous y trompez pas, ces simplicités-là sont d'un luxe énorme, car le lendemain le parti pris est couleur bleue ou pensée.

C'est d'une nuance très-délicate ; elle n'est jamais dans la mode, de sorte qu'au lieu de la subir elle fait autorité elle-même. Elle trouve surtout des ensembles étonnants à force de perfection dans le détail. Vous sentez bien que je m'y perds un peu, dans tous ces chiffons-là, mais il n'y a pas à dire, il faut étudier cela, et je vous assure que cette recherche me frappe, car au lieu de s'habiller à force de dentelles et de merveilles de Lyon, elle arrive à force de petits liserés. C'est toute une école dont elle est le chef.

Elle n'a pas la coquetterie du geste et ne sait pas minauder avec charme, ce n'est ni l'œillade langoureuse d'Antigone, ni les longs regards perfides de la dame aux yeux gris, ni le coup d'œil calme et indifférent de la belle Anna, ni les extases et les ravissements hystériques de Dalila : c'est quelque chose de rapide et de volontaire, sans désir et sans volupté, un éclair qui a perdu de sa force, mais qui a donné le frisson aux moins timides.

Il faudrait parler de son cœur, mais c'est le secret d'Albion et peut-être un peu celui de Polichinelle. C'est bien le moins du reste qu'une aussi fervente préoccupation du qu'en dira-t-on trouve sa recompense dans une discrétion relative. D'ailleurs elle est mère et je ne sais point venger la morale au détriment d'une innocente.

LE CENTAURE BOUCARD

LE CENTAURE BOUCARD

Boucard est un produit moderne, il est membre de l'Escalier du Jockey-Club, dont il fréquente beaucoup les environs et connaît intimement les deux portes, il sourit à Isabelle, a bien de la considération pour M. Carter, et s'honore de tutoyer Grimshaw. Ses jambes sont tendues comme un arc, il balance ses bras à la façon des hommes d'écurie et son cou s'emprisonne dans un col carcan. Sa toilette est singulière, il porte des pantalons étroits, des gilets trop longs et des jacquettes trop courtes, l'épingle de sa cravate figure un étrier et son bouton de manchette représente un fer à cheval. Sa canne prend des airs de cravache, tous les attributs de l'écurie décorent son appartement, et l'essence de violette ne vaut pas pour lui la saine odeur du fumier.

Son langage est émaillé des mots d'outre-mer et devient incompréhensible pour le vulgaire. Hier il sortit en *mail-coatch*, il vient de casser son *stick* et de perdre son *beting-book*, ce cheval qui passe est un *hunter*, et la voiture qui roule devant nous est un *break*, il ferait des bassesses pour être vu sur la banquette plate d'un *four-in-hand*. Il a toute une phraséologie à l'usage du turf qu'il transporte dans la vie ordinaire et vous l'affligeriez bien si vous doutiez en voyant la démarche et en entendant le langage de ce gentleman qu'il est un véritable centaure.

Vous sentez bien qu'un tel homme méprise la France et lui dit ses vérités. L'Angleterre ! grande nation, libre jeu des institutions, émulation réciproque, initiative individuelle, patriotisme sincère ! Et comme *Boucard* est conséquent avec lui-même, il fait de l'hydrothérapie, suit le système Benting et se traite par le calomel, il se nourrit de jambon d'York, ne boit que du pale-ale et ne saurait souffrir qu'on lui rende sa monnaie sans l'envelopper dans du papier.

Boucard a de belles relations, il dit *Lagrange* et *Fitz-James* tout court à tout autre qu'à eux-mêmes, demande des nouvelles de *Gontran* et s'inquiète du *Mandarin*. *Gladiateur* est sa chose, il avait deviné ses étonnantes facultés et le vainqueur ne peut plus franchir la piste sans qu'il l'accompagne en donnant le signal des applaudissements. On le voit sur tous les turfs, à Epsom et à Doncaster, à Iffizheim et à Spa, à Deauville et à Chantilly. La lorgnette en bandoulière, la carte au bouton de l'habit et le voile vert au chapeau, il médite en face du tableau du départ et hoche la tête en se rongeant les ongles. Puis il court au pesage, prend M. Carter à part, l'entraine dans un lieu écarté et lui dit mystérieusement : « Que pensez-vous de *Gontran*? » De là, il s'élance à la corbeille des parieurs en criant à tue-tête : « Je prends *Sauve-qui-peut* à égalité ! »

Il ne se promène point dans les groupes, ne lorgne pas les femmes et ne sourit pas à nos élégantes, il est important, pensif et affairé, on ne badine point avec les choses sérieuses. Il cherche le Duc et veut lui parler; il l'a quitté il n'y a qu'un instant, et le temps presse car le drapeau s'agite.

Les chevaux partent, ils sont partis, Boucart se dresse sur la pointe des pieds et ne respire plus, il a saisi sa lorgnette et suit attentivement. — « *Gontran* est bien ! — *Duchesse* fait le jeu ! — *Sauve-qui-peut* à égalité ! »

Les chevaux vont passer, ils passent le cou

tendu, les naseaux sanglants, Boucart gesticule, il trépigne, « *Gontran!* comme il veut! *Gontran! for ever!* » et, dans son enthousiasme, il parle anglais.

Mon Boucart rayonne et reçoit les compliments de quelques naïfs ; il est très-content pour *Laffitte*, mais il vient d'apercevoir *Lupin*, il lui veut parler d'une affaire et se dérobe non sans avoir caressé et flatté de la main la croupe de *Gontran* qui rentre au pesage. Suivez-le des yeux, il se gardera bien d'aller déranger le riche éleveur qu'il ne connaît que pour lui avoir marché sur les pieds.

Le soir venu, le Centaure promène encore la précieuse poussière dont il s'est couvert pendant la route, il souffre d'être obligé de l'épousseter et il est si distrait qu'il a oublié par mégarde le ticket du pesage à la ganse de son chapeau. Il entre à la Maison d'Or portant encore ses jumelles en bandoulière et demande si un viveur célèbre qu'il sait être dans ses terres n'a pas encore paru

Par mégarde, il va ouvrir la porte du Grand-Six.

Après s'être montré à tous les étages il s'installe au rez-de-chaussée, chez Bignon ou Verdier, approche une table de la fenêtre de manière à être bien en vue et dîne copieusement aux frais de ceux contre lesquels il a parié.

Et Boucard n'est ni du *Jockey* ni du *Sporting*, il n'a pas de chevaux et n'a pas le moyen d'en avoir. Son père était mercier et ne s'est point enrichi, ce qui ne constitue à mon sens ni un vice ni même une faute, mais cette bourgeoise extraction donne à la vocation de Boucard quelque chose d'inattendu. Le vulgaire le prend pour un sportsman et un élégant, c'est un tripoteur de bas étage et un parasite infime. Il chaperonne des Valaques haves et des Havanais jaunes, leur donne la clé des paris et leur révèle les mystères de la Corbeille. Mouche importune et malsaine il bourdonne autour des vrais gentilshommes et des amateurs de bon aloi qui soupçonnent vaguement son mode d'existence et n'ont que le tort de tenir les paris de gens qu'ils ne connaissent point; d'ailleurs en secouant le sable de la piste et la poussière de la route, n'effacent-ils pas les traces d'un contact qu'on ne saurait éviter et dont un honnête homme sans défense ignore la honte et les dangers?

Tous ces nobles plaisirs qui seyent bien aux privilégiés de la fortune et qui sont un dérivatif à leur dangereuse oisiveté, ne sont pour le centaure qu'une spéculation véreuse, car il vit des poules, s'engraisse des paris et néglige ses différences.

Les ressources de Boucart sont inconnues et il mène la vie des élégants dont la fortune est notoire. Il joue à Hombourg et à Bade, chevauche à Lichtenthal, déjeune à l'Ours, dîne à la *Restauration* et s'assied à la terrasse. Dans ce cercle des villes d'eaux, il passe d'un point à un autre et vous fatigue de sa présence, il est de toutes les réunions et de toutes les fêtes et comme il connaît les êtres, il a le privilége de paraître absolument chez lui en quelque endroit qu'il se trouve.

Il tutoie les femmes à la mode et console les décavées, donne des conseils à celles qui gagnent et place leur argent en lieu sûr. Ces merveilleuses plâtrées aiment assez ces existences vaseuses et indécises et s'éprennent volontiers de ces chevaliers d'industrie doublés de faux sportsman qui ont le bras solide et la conscience élastique. Boucart a les primeurs des plus jolies femmes et son nom est inscrit à la première page de leurs Confessions, elles lui offrent une place dans leur chaise les jours de course et il trône dans leurs soirées, car il s'efface complaisamment devant le Brésilien. Depuis longtemps son corps est façonné aux exigences de l'armoire et il sait faire résonner le plancher sous sa botte de sportsman pour donner à un soupirant aussi opulent que naïf une haute idée du *on* mystérieux qu'invoque sa maîtresse.

Un jour Boucart est pris la main dans le sac

collaborant avec le hasard et cette brillante existence finit à Bruxelles quand elle ne se termine point sous le beau ciel de la Provence. Chacun de dire le jour où la catastrophe éclate. — « Tout cela n'était pas clair, — je l'avais bien dit, — on a tort de se lier si facilement, — cette physionomie ne me revenait point. » — Le tort réel est de n'être pas plus exigeant dans ses relations mêmes passagères. L'honnêteté est comme la certitude philosophique, elle est ou elle n'est pas, n'admet ni concession ni composition ; elle apparaît limpide et pure, sûre d'elle-même, calme et souriante et rayonne sur la face. Il faut n'avoir point tant d'amis restreindre sa vie et resserrer son cercle, vivre dans son milieu sans fausse honte et sans regrets.

Dans un certain monde le courage civique consiste à se contenter pour aller au bois, d'un fiacre qu'on peut payer plutôt que s'étaler dans une chaise élégante qu'il faut louer à crédit. La célèbre *Goton* est là, couverte de diamants qui ne vous coûtent rien, elle vous sourit et va délaisser pour vous les plus jolis cœurs, courez chez votre mie au gué que vous aimez loin de la rampe, dont vous payez la toilette, mais qui, du moins, vous appartient autant qu'on en peut être sûr avec les mies au gué. Saluez peu, mais à bon escient et ne serrez point la première main qui s'ouvre. Quand on étreint la main, il faut que le cœur se donne, et vous ne donnez pas, je suppose, votre cœur au premier venu.

Pas de concession, pas de faiblesse, haut le front! on ne saurait être l'ami de tout le monde, laissez aux filles cette excessive facilité et même en plein Paris, dans le grand tourbillon, dans ce *Strand* où on dit qu'il faut écraser les autres, si on ne veut pas être écrasé soi-même, allez droit votre chemin, la voie est assez large et vous ne frôlerez personne. Il faut être un Alceste. Les Bois ne sont pas loin.

ANTIGONE

ANTIGONE [1]

Le chœur.

Jupiter protecteur ! quelle est cette femme au front pâle ?. . . . .

. . . .

. . . . — Hélas ! hélas ! ò triste destinée !

Œ . . . .

Vous connaissez la famille de Laïus, la triste

[1] Nous avons dû mutiler ce portrait par respect pour la justice qui sera appelée à prononcer. Il reste une œuvre littéraire absolument impersonnelle.

race des Labdacides; je suis OE. . . ., mais il y a longtemps que je ne devine plus les énigmes . .

. . . .

. . . . . . Au nom du dieu dont l'arc est d'argent, ne me repoussez pas, bons étrangers !

Le chœur.

O triste destinée ! abnégation touchante, désintéressement sublime, volontaire esclavage !. . .

. . . .

. . . .

Le Rhapsode.

Antigone s'avance, blanche, avec un œil noir ;

. . . .

. . . .

. . . .

Elle ne marche point, elle glisse harmonieusement en jetant d'obliques regards à ceux qui se rangent sur son passage.

Antigone a pour trône une baignoire, pour sceptre un éventail ; elle ne sait point demeurer en face d'elle-même et la solitude lui fait peur ; elle veut à tout prix échapper à l'ennui. Chaque soir, âpre au plaisir de la scène, ...
. . . .
. . . . . . protége avec un soin touchant contre le feu de la rampe, et, dans le clair-obscur des avant-scènes, elle vient poser à souhait pour la plume et le pinceau.

Habile aux artifices de la toilette, elle dispose autour d'elle, comme pour un long voyage, le miroir qui ne la quitte point, le drageoir guilloché, la pomme d'ivoire, la cerise carminée, le mignon peigne d'écaille ; elle veut avoir à portée de la main les roses de ses lèvres, les lis de son teint et le parfum de son haleine. Silencieuse, digne et calme, presque rêveuse, elle se meut lentement en agitant son éventail noir, ses yeux vont de la scène aux fauteuils et des fauteuils à son miroir. Elle sait l'art de voir sans regarder, et son coup d'œil rapide et sûr découvre un soupirant au fond d'une baignoire.

Tantôt elle encadre la blancheur de son teint dans les plis noirs d'une mantille, comme une Andalouse. Tantôt, comme les filles de Bordighiera, elle se drape dans les blancs plis d'un mezzaro. Ses grands yeux étonnés, heureuse collaboration de l'art et de la nature, éclatent au milieu de cette symphonie en blanc majeur. Elle sourit tristement, sans montrer l'émail de ses dents — indice certain d'une rare prudence.

Antigone ne me fait point penser aux lis, c'est une scabieuse, la fleur des veuves. Souple, élégante, et triste malgré son factice enjouement ; elle n'a rien d'épique ; pour qui la voit en passant, c'est une vignette de Vidal, une Ophélia charmante mais sans style, peinte à l'aquarelle par Eugène Lami.

Elle écoute distraite, en femme qui n'entend ni Cimarosa ni Mozart ; Beaumarchais ni Regnard n'ont su la toucher ; d'Ennery seul a su lui plaire, il est son Sophocle comme Anicet Bourgeois est son Euripide. Observez-la : — d'une main lente elle porte à ses yeux sa jumelle noire, un éclair scintille à son doigt, point lumineux et éclatant dans le fond obscur de la loge. Derrière elle, une silhouette, estompée comme le dernier plan d'une eau-forte, remue l'eau pure mêlée au miel, . .

. . . .

« *Et manibus puris sumite fontis aquam.* »

La légende rapporte qu'à peine nubile, belle comme un rêve, elle suivit, sur la grande route, les traces d'un prince du sang. On la vit, à chaque relai, jeter des jasmins et des roses dans la voiture de l'héritier d'un trône : elle voulait l'enchaîner avec des fleurs. Cette fantaisie aux grands yeux qui volait sur les routes royales en répandant des roses sur son chemin, devait sourire à l'imagination du disciple de M. de Vatout. Paris était loin encore, pour être prince on n'en est pas moins homme ; d'ailleurs elle était si belle, et celui qu'elle voulait enchaîner avait bien mérité sa Capoue puisqu'il venait de vaincre un conseil municipal !

Il ne passe pas toujours des princes sur la grande route, mais on y rencontre parfois un poëte, celui-là s'en allait rêvant ; la foule savait déjà son nom avant qu'il eût pris la peine de chanter. Elle l'arrêta par sa tunique et sacrifia pour la dernière fois de sa vie à la poésie, — car il n'était riche que d'espérance.

Mais elle avait la vocation de l'opulence et n'y devait point faillir. La première parmi les courtisanes de ce temps-là, elle eut pignon sur rue, et étala aux yeux des grandes dames étonnées le luxe de ses voitures et de ses féeriques toilettes. Le pignon était un ravissant hôtel à deux pas de la Chaussée-d'Antin ; les voitures et la livrée étaient somptueuses et d'un goût exquis. On se demanda avec étonnement où elle avait pu puiser cette parfaite mesure et cette assurance de haut ton. —

Depuis ce temps-là, que de baisers et de soupirs.
— Palmyre et Janisset ont dû compter les jours.

Tandis que celles qui règnent à côté d'Antigone, dans le monde de la galanterie, n'ont pas assez de leurs jolies mains pour répandre l'or sur leur route, réservant à leurs derniers jours la misère et l'abandon, elle entasse dans sa kasbah les obligations sérieuses, les bons écus sonnants, les diamants et les perles. Elle thésaurise sans paix ni trêve, avec toute la fureur du désir toujours inassouvi. Elle se concentre et se renferme dans un luxe sombre auquel elle ne convie personne. Ses dressoirs et son coffre-fort regorgent d'orfévrerie et de trésors dont elle n'use point et n'usera jamais.

En un jour mémorable, jour de détresse, au bord de la Tamise, elle a jeté en pâture au hasard un chiffon signé Garat, — le seul qu'elle ait jamais refusé ; mais on pouvait lui appliquer, ce jour-là, le mot du duc d'Ayen : « En mourant le vendredi elle était bien sûre de ressusciter le dimanche. »

Un dragon à tête de femme veille sans cesse au pied du coffre-fort, c'est à lui qu'en quittant la scène pour suivre ŒE. . . . elle confie le coffret légendaire qui doit chaque nuit occuper sa place à la kasbah — Un malheur est vite arrivé. Il faut tout craindre des idées que ceux qui verbalisent se sont faites sur la propriété. Ne pourraient-ils pas jouer le rôle du Destin et faire remonter le Pactole vers sa source?

Parfois, cédant au cri du cœur, Antigone a aimé l'amour pour l'amour, et couronné les vœux d'un simple bachelier. Mais sa fantaisie clairvoyante ne l'a jamais entièrement égarée ; elle a l'instinct des valeurs sûres et des titres qui doivent faire prime.

Le fin cavalier Arnaute, aujourd'hui célèbre, qui a longtemps fait son ciel du ciel de lit d'Antigone, a royalement payé son écot en faisant à jamais voltiger au-dessus de la couche où elle repose d'idéales figures étalant dans un nuage leur splendide nudité: don précieux que pourraient envier des souveraines, tapisserie luxueuse qui n'a son égale que chez les reines et les courtisanes : libéralité dont elle est fière et dont elle parle de se faire un linceul. — « Un peu de rouge à la pommette, un peu de kohl au bord de l'œil. »

Quant à cette fantaisie ailée qui jamais ne se pose, elle n'a que rarement perdu ses droits. Antigone a souvent donné des marques de sa clémence, mais il faut être plus discret que ceux qu'elle convie à ses libéralités. Sa maturité sourit à la jeunesse, et elle est une espérance pour ceux qui entrent dans la vie quand elle n'est bientôt plus qu'un souvenir pour ceux qui sont au déclin.

Par un juste retour des choses d'ici-bas, cette femme qui s'entoure dans le monde réel d'un luxe prestigieux, aussitôt entrée dans le monde de la fiction se plaît aux misères de la plèbe, aux angoisses de la pauvreté, aux drames de la soupente et du cabaret. Il lui faut au grand jour de la rampe, pour exciter son ardeur dramatique, les injures et les rudoiements d'un époux ou d'un amant crapuleux, les luttes de la vie mercenaire, les horribles péripéties des amours de la barrière, les angoisses de la *Fosse-aux-lions* et le râle d'une poitrinaire.

Plus de raffinements exquis et de précieuses recherches, plus de dentelles et de colliers, plus de diamants et d'étoffes précieuses. Plus de demi-jour savamment combiné : l'insolente clarté de la rampe qui modèle avec cruauté, sculpte impitoyablement les traits et met une ombre dans chaque ride. Le bistre bronze sa peau, la robe de laine grise cache soigneusement ses belles épaules, le tablier prolétaire et le bonnet à bride font de la grande dame une Marie-Jeanne, et de Célimène une Adèle Poirier.

Sa voix était languissante et discrètement contenue, elle devient rauque et plébéienne, son cri guttural est empreint de l'ardente exagération du boulevard du Crime, c'est la douleur bruyante des scènes populaires. Elle tombe à genoux, elle se traîne et se meurtrit sans pitié ; elle dépasse le but et se fait volontairement sordide.

Par une inconséquence singulière, mais qui prouve un certain esprit, elle souffre qu'on raille ses prétentions dramatiques et elle conviendrait presque qu'elle a tort d'échanger son éventail contre un crochet. — Mais c'est peut-être la reconnaissance qui la guide, ...
. . . . . celle où . . . . . . la hotte! Merveilleuse preuve de ce que peuvent son entêtement et sa volonté, on l'a vue, il y a quelques années à peine, à l'âge où la volonté et l'esprit sont rebelles, bégayer les rudiments d'une langue étrangère pour dire aux spectateurs d'outre-mer le monologue du Balcon.

Antigone n'est point pauvre d'esprit, quoi qu'en disent ses meilleures amies. Sa voix traînante et mignarde, ses minauderies d'enfant gâté, sa préoccupation incessante des cancans de coulisse et des obscurs commérages ont fait tort à sa réputation. . . . .

. . . .

. . . .

. . . .

. . . .

. . . .

. . . .

. . . .

. . . .

Elle cache, sous une enveloppe nonchalante et langoureuse, une volonté de fer qui la conduit au but, quels que soient ses temporisations et ses écarts. Elle a fait sa vie comme elle a rêvé de la faire, elle n'a point d'autre idéal, elle ne subit pas son sort et ne regrette rien. Son audace prend des airs de résignation et de touchante abnégation, elle a perdu depuis longtemps la notion du bien et du mal et vit dans l'air méphitique comme dans une atmosphère vivifiante et saine. Elle croit qu'il en est des plaies morales comme des cicatrices que l'on cache sous des colliers à trois rangs de perles. Rien ne la rebute, rien ne l'arrête. Elle est comme la Belcolore du poëte et s'assiérait volontiers sur la tombe de Franck si on y jetait un collier de rubis d'une *espèce assez rare.*

Il ne faut jamais frapper une femme, même avec une fleur ; mais Antigone est un blanc repaire d'iniquités. Si, avec les hommages et les jouissances, ces reines éhontées avaient encore l'impunité, où serait donc le châtiment ? Tandis qu'elles trônent en lançant des éclairs, il en est qui, douces et bonnes, acceptent les douleurs et les privations du foyer, et restent fidèles à l'austère devoir en face de ce débordement de luxe et de ces désirs sans cesse renaissants.

D'une main légère, mêlons le miel à l'absinthe ! — Antigone est une femme de goût. Dès qu'elle entre dans sa loge, les plus raffinées étudient la coupe de ses robes ; elle invente, elle crée, elle sait donner un cachet à tout ce qu'elle touche, et le moindre chiffon de sa parure porte le sceau de sa personnalité. La première parmi les femmes de son monde, elle a su dépeigner avec grâce et ramener sur ce front qui ne rougit plus ces cheveux qu'on admire et dont l'opulence n'est point mensongère.

Ses robes longues et plates dessinent son corps harmonieux, et les étoffes du corsage semblent mouillées comme celles des modèles de Phidias, elles indiquent les formes par place sans accuser violemment les contours. La robe ne serre pas brutalement la taille, elle fait deviner la suite des lignes, du sein à la hanche; et elle a résolu ce problème de garder même sous les parures de gala la liberté de mouvement et sa souplesse lascive qui joue à l'aise sous les longs peignoirs flottants.

J'ai bien cherché l'âme, comme Bichat, et ne l'ai point rencontrée; j'ai trouvé des appétits et des goûts, des intuitions et des dons, des fantaisies et des désirs, mais jamais un élan, jamais un instant de mélancolie, jamais, pendant sa carrière un regard vers les jeunes années passées dans l'innocence ; jamais une de ces larmes qui rachètent une scandaleuse splendeur. La vue des jeunes filles assises auprès de leur mère ne lui a jamais fait entrevoir un monde de choses calmes et douces, et ne réveille point dans les replis de son cœur les remords dévorants.

Ce qui sollicite en elle l'observation et l'étude, c'est cette immoralité profonde qui n'a plus conscience d'elle-même, et ce perpétuel contraste d'un rang d'emprunt et des instincts du tréteau : ce qui attire, c'est sa beauté radieuse, ses attitudes résignées, ses blancheurs d'hermine, ses regards d'Ophélia et je ne sais quels plaisirs énervants auxquels elle convie l'imagination.

L'amour des oppositions doit sourire à son imagination déréglée. A deux pas de . . . ., au milieu des merveilles de la Renaissance, en face des Vénus trouvées au sein de la terre, en-

tourée des splendeurs de l'art et de la nature, dans les allées d'hortensias bleus, sous les épais bosquets de camélias, dans les grottes. . . .
. . . et sur les rampes de porphyre, quand les majordomes et les familiers la saluent du nom de . . . . . ., lui laissant croire que, loin d'être une courtisane, un sang pur coule dans ses veines, elle a la nostalgie des bouibouis et pense au boulevard du Crime ; elle regrette Machanette et Castellano sous le ciel du Tasse, et presque à la cour de Ferrare, elle pense à Chopart, dit *l'Aimable*, et . . . ***Merci mon Dieu!*** . . . d'Ennery !

. . . .

LE CHŒUR.

Antigone s'avance, blanche, avec un œil noir. Elle ne marche point, elle glisse harmonieusement en jetant d'obliques regards à ceux qui se rangent sur son passage.

FIN.

TABLE DES PORTRAITS

TABLE DES PORTRAITS

	Pages.
?..	5
La Goton..	19
La princesse Ustuberlukoff.....................	35
Le beau Pâris.......................................	55
La petite Dalila....................................	63
L'ermite de la Chaussée-d'Antin.............	85
L'optimiste..	101
La vieille garde....................................	111
La dame aux yeux gris..........................	129
La reine des Toquées.............................	143
L'important...	159
Plaisir des champs................................	171
Les agités..	181
L'agité..	189

L'amie des artistes...............................	199
M. Évariste......................................	217
C.-Amélia.......................................	237
Le Centaure Boucard	253
Antigone..	263

FIN

Paris — Imprimerie VALLÉE, 15, rue Breda.

LIBRAIRIE DE E. DENTU, ÉDITEUR
PALAIS-ROYAL, GALERIE D'ORLÉANS

PUBLICATIONS RÉCENTES
Format grand in-18 jésus.

		fr. c.
PHILIBERT AUDEBRAND. — Les Mariages d'aujourd'hui...	1 v.	3 »
ÉLIE BERTHET. — La Maison des Deux sœurs............	1 v.	3 »
ERNEST CAPENDU. — Dolorès......................	1 v.	3 »
AMÉDÉE DE CÉSÉNA. — Les Belles Pécheresses.........	1 v.	3 »
JULES CLARETIE. — Les Victimes de Paris.............	1 v.	3 »
ALFRED DELVAU. — Les Barrières de Paris............	1 v.	3 50
ÉTIENNE ÉNAULT. — Le Roman d'une Altesse.........	1 v.	3 »
Comtesse DASH. — Les Soupers de la Régence..........	1 v.	3 »
AYLIC LANGLÉ. — La Toile d'araignée.................	1 v.	3 »
ADRIEN MARX. — Histoires d'une minute.............	1 v.	3 »
PONSON DU TERRAIL. — Les Nuits du quartier Breda....	1 v.	3 »
PAUL FÉVAL. — La Duchesse de Nemours.............	1 v.	3 »
ADRIEN ROBERT. — La Guerre des Gueux.............	1 v.	3 »
Baron DE VIEIL-CASTEL. — Le Testament de la Danseuse.	1 v.	3 »
ÉD. FOURNIER.—Chroniques et Légendes des rues de Paris.	1 v.	3 »
JULES DE SAINT-FÉLIX. — Les Nuits de Rome..........	1 v.	3 50
E. MANUEL. — Les Joies dédaignées..................	1 v.	2 »
BÉNÉDICT H. RÉVOIL. — Bourres de fusil..............	1 v.	3 »
CHAMPFLEURY. — Histoire de la caricature moderne.....	1 v.	4 »
LORÉDAN LARCHEY. — Excentricités du langage.........	1 v.	3 50
EMMANUEL GONZALÈS. — Une Princesse russe.........	1 v.	3 »
JULES PRÉVEL. — Les Stations de l'Amour............	1 v.	3 »
AURÈLE KERVIGAN. — L'Anglais à Paris..............	1 v.	3 »
ERNEST BILLAUDEL. — Les Hommes d'épée............	1 v.	2 »
MANÉ. — Paris amoureux	1 v.	3 »

Paris. — Imprimerie VALLÉE, 15, rue Breda.

www.ingramcontent.com/pod-product-compliance
Lightning Source LLC
Chambersburg PA
CBHW070752170426
43200CB00007B/745